Katja Werheid
Nicht mehr wie immer

Katja Werheid

NICHT MEHR WIE IMMER

Wie wir unsere Eltern im Alter begleiten können:
Ein Wegweiser für erwachsene Kinder

PIPER

Mehr über unsere Autoren und Bücher:
www.piper.de

ISBN 978-3-492-06092-9
Originalausgabe
4. Auflage 2018
© Piper Verlag GmbH, München 2017
Satz: Kösel Media GmbH, Krugzell
Gesetzt aus der Cardea
Druck und Bindung: CPI books GmbH, Leck
Printed in Germany

Inhalt

Vorwort
Ein Gespenst geht um   11

Kapitel 1
Äußere Gegenspieler   19
   Eigentlich beste Voraussetzungen   22
   Tod und Sterben: die großen Tabus   24
   Gesellschaftlicher Wandel
   und Generationenüberlappung   32
   Erstes, zweites und drittes Alter   36

Kapitel 2
Innere Gegenspieler   41
   ASWI: Alles so wie immer   42
   WeRoKo: Werte- und Rollenkonflikte   46
   LiK: Leiche im Keller   49
   VW: Verzerrte Wahrnehmung   53
   Jetzt nicht den Mut verlieren!   60

Kapitel 3
Erster Schritt: Gut informiert sein   63
   Wenn wir die Wahl hätten ...   64
   Plötzlicher Abschied: Organversagen   67
   Abschied mit Ansage: Krebs   72
   Langsamer Abschied: Demenz   76
   Die kleinen Plagen nebenher   81

Kapitel 4
Zweiter Schritt: Gegenspieler ausschalten 89
   ASWIs in gute Rituale verwandeln 94
   WeRoKos: Würdigen statt bekämpfen 99
   LiKs respektieren 106
   VW humorvoll begegnen 115

Kapitel 5
Dritter Schritt: Ressourcen und Bindungen stärken 119
   Netzwerke und Helferkreise 119
   Kooperation unter Geschwistern 123
   Bindung: nicht nur für kleine Kinder 127
   Um-Bindung – aber wie? 131
   Besuche außerhalb des Protokolls 135
   Lieblings-Doc und Medi-Check 137
   Talente entdecken 141
   Für die Basics sorgen 144
   Quality Time 148

Kapitel 6
Die wichtigsten Stolperfallen 153
   Sparen und Horten 157
   Geduldsfaden gerissen 159
   Misstrauen geerntet 161
   Veränderung abgelehnt 163
   Nicht mehr erkannt werden 164
   Zu lange gewartet 166

Kapitel 7
Dem Ende ins Gesicht sehen   169
    Selbstmordgedanken   170
    Trauergeleit einmal anders   171
    Feuer, Erde oder Wasser?   172
    Papierkram regeln   177
    Sterben und Erben   179

Nachwort
Was haben wir davon?   183

ANHANG

    Danksagung und wie dieses Buch entstand   187

    Hilfreiche Adressen
        I. Informationen zu chronischen
           Alterserkrankungen   190
        II. Informationen für Angehörige: Pflege,
            Wohnen   193

    Quellenverzeichnis   201

Dieses Buch ist meinen Großeltern und meinen achtzehn Großonkeln und Großtanten gewidmet. Sie bereicherten meine Kindheit mit der bunten Vielfalt des Alterns und lehrten mich, das Leben möglichst lachfaltenbildend vom Ende her anzuschauen.

VORWORT
EIN GESPENST GEHT UM

Unter uns »Mittelalten« geht ein Gespenst um. Es schleicht sich ein, man merkt es anfangs kaum, versteckt hinter dem lauten Getöse von Midlife-Crisis, Pubertät der Sprösslinge, Bandscheibenvorfall und Menopause. Erst zeigt es sich nur ab und zu, ein rasches Huschen um Mitternacht kurz vor dem Einschlafen. Da können wir es noch ignorieren. Doch es kommt immer wieder – bei manchen still und unheimlich, bei manchen als Poltergeist im Zuge einer plötzlichen schlechten Nachricht. Das Gespenst geht nicht mehr weg. Sein Name? Die banale wie unumstößliche Einsicht: *Unsere Eltern werden alt.*

Alt werden ist aber noch nicht alles. In diesem Falle könnte man sich trösten, mit sinnigen Sprüchen wie: »Man ist so alt, wie man sich fühlt ...« Auch ein kleines gefühlsmäßiges Age-Lifting würde dagegen vielleicht helfen. Ein neues Hobby, ein Fitnessclub-Abo – wenn gewünscht, könnten wir unseren Eltern bei der Suche nach dem »Uplifter« assistieren. Nette Geste, aber auf Dauer leider zwecklos. Denn was noch schlimmer ist: *Unsere Eltern werden gebrechlich.*

Gebrechlich ist eines dieser schönen altertümlichen Eigenschaftswörter im Deutschen, das irgendwie nach »zerbrechlich« klingt. Moderner und klarer formuliert heißt das: *Unsere Eltern sind chronisch krank.* Sie stürzen immer öfter, sie brauchen Wochen bis Monate, um sich von häufiger werdenden Gesundheitsproblemen zu erholen, die früher Bagatellen waren. Sie erblinden oder ertauben langsam, trotz Star-Operation und Hörgerät, und landen hin und wieder im Krankenhaus. Und wir, die wir sehen und hören und leidlich geradeaus denken können, bekommen das mit. Ob aus der Ferne oder Nähe, wir spüren: wir können diese Abwärtsspirale nicht aufhalten. Es ist der Lauf der Zeit, der Lauf des Lebens. Natürlich wissen wir das, aber es ist schwer, es zu akzeptieren und auszuhalten.

Dass unsere Eltern alt werden mit allem, was dazugehört, ist auf den ersten Blick sicher kein SmallTalk-Thema. Doch bringt man es auf den Tisch - im Gespräch mit Freunden oder mit netten Kollegen beim Mittagessen, rückt es sofort in den Mittelpunkt. Denn alle kennen es, alle spitzen die Ohren. Möchten erfahren, wie die anderen damit umgehen und erzählen, wie es ihnen selbst ergeht. Probieren Sie es mal aus: Stellen Sie sich auf einer Party zu zweit in die Küche. Wählen Sie einen lockeren Ton, nicht zu schrill und nicht zu laut, aber doch gut hörbar für die Umstehenden. Erzählen Sie eine kleine Anekdote, vielleicht zunächst über einen Onkel, das ist nicht so nah. Nach kurzer Zeit werden Sie nicht mehr allein in der Küche stehen: »Also, wenn ich dazu mal was sagen darf ...« - »Ich kenn das auch ...« - »Bei uns läuft das ähnlich ...«

Ich selbst habe eine solche Situation erst vor Kurzem erlebt, als ich mich mit einer Freundin im Café über autofahrende ältere Verwandte unterhielt. Wir tauschten kleine Geschichten darüber aus, welche verblüffenden Argumente unseren Altvorderen einfallen, um zu begründen, warum sie weiterhin die parkplatzmäßig unpraktischsten und unökologischsten aller Autorassen für Tausende Euro jährlich in der Garage durchfüttern, um sie ein- bis zweimal pro Woche mit großem Aufwand zu satteln und durch den Stadtverkehr zu manövrieren. Trotz mehrerer Unfälle, Augen- und Parkinsonkrankheit, allerbester Nahverkehrsanbindung und ausreichend verfügbarem Bargeld für ein Taxi bis Teheran. Und das dreißig Jahre nachdem sie uns das Mofa verboten haben! Dabei waren *wir* damals bei allerbester Gesundheit, wollten – wie sie heute – nicht über Tempo 50 fahren und hatten uns die Mäuse für den Kauf des knatternden Gefährts selbst zusammengespart. Das sei hinausgeworfenes Geld hieß es, Ende der Diskussion.

Sie konnten damals nachts vor Sorge kein Auge zumachen, bevor unser 18-jähriger Freund (Fahranfänger mit großem »A«) uns nicht wohlbehalten nach Hause gebracht hatte. Das fiel unter die Kategorie »behütet aufwachsen«. *Wir* aber sollen uns heute keine Sorgen machen, völlig unnötig. Das große »AH« für Fahr-Aufhörer ist kein Thema. »Behütet Altwerden« ist erst angesagt, »wenn wir gar nicht mehr können.« Bloß wann ist dieser Zeitpunkt gekommen? Und wer legt ihn fest? Können wir darauf vertrauen, dass unsere Eltern diesen Wendepunkt schon erkennen werden, oder ist es an uns, sie darauf aufmerksam zu machen? Stichwort: wer hütet wen?

Aber zurück zur Episode im Café: Schon nach kurzer Zeit diskutierten wir zu fünft über Oldies und ihre Autos. Der Kellner steuerte eine Anekdote über seine 93-jährige Großmutter bei, die ihn jedes Mal, wenn er ihr anbot, sie zum Arzt zu fahren, verdächtigte, scharf auf ihre breite Volvo-Schüssel aus den Achtzigern zu sein. Dabei sei er überzeugter Car-Sharer. Das Pärchen vom Nachbartisch berichtete über ein ausgefeiltes System von Maßnahmen zur Vorbeugung von familieninternen Auffahrunfällen in der Doppelgarage des Elternhauses. Die Eltern würden etwa einmal pro Woche Auto fahren, und zwar jeweils das eigene. An den Garagenwänden und zwischen den Autos stapelten sich alte Reifen und Gartenstuhlauflagen, alles zur Vermeidung von Dellen und Kratzern, zusätzlich zu den serienmäßig eingebauten Pieps-Einparkhilfen der beiden Autos und eigens installierten elektrischen Lichtschranken mit Warnton in der Garage. Diese Armada von Vorsichtsmaßnahmen erschien ihnen naheliegender als Veränderungen in Bezug auf die Stahlrösser selbst. In allen anderen Bereichen dachten sie konsequent pragmatisch. Wenn die Schwiegertochter ihre High Heels vor dem Ausgehen vorsorglich mit Gel-Polstern ausstattete, hieß es: »Wozu brauchst du die hohen Dinger überhaupt – du bist doch schön groß?« Unsere spontane Runde geriet zur schmunzelnden Selbsthilfegruppe: Hilfe, die Vernunft unserer Eltern macht halt vor dem eigenen Garagentor!

Kein Wunder, dass uns das Thema interessiert: Eltern haben wir alle. Egal ob sie in traditioneller Ehe, getrennt, neu liiert oder alleinstehend leben. Ob sie weit entfernt wohnen oder nebenan, in der Großstadt oder auf dem Dorf, ob wir sie täglich oder nur einmal im Jahr treffen – wir sind lebenslang mit ihnen verbunden. Selbst diejenigen, die sehr selten oder konfliktbeladenen Kontakt zu ihren Eltern haben, beschleicht bei Nachrichten über deren zunehmende Gebrechlichkeit ein mulmiges Gefühl. Wie lange kann das wohl noch so weitergehen? Müsste man jetzt schon etwas unternehmen? Vorsorglich, für den Fall, dass ...?

Es ist ein bisschen wie auf der »Titanic«: Man steuert auf etwas Bedrohliches zu, dessen Ausmaße man eigentlich nicht so recht kennt. Das meiste lauert mutmaßlich noch unter der Oberfläche. Auch ist unklar, ob man zumindest dem moralischen Untergang überhaupt noch entgehen kann oder ob es nicht vielleicht schon zu spät ist, das Ruder herumzureißen. Anders als der Eisberg, auf den die »Titanic« zusteuerte, gibt es in unserem Fall einen Aspekt, der keineswegs ein schlecht kalkulierbares Risiko ist: Der Tod als Abschluss der irdischen Reise ist sozusagen automatisch inbegriffen. Hundertprozentig werden unsere Eltern eines Tages sterben, genau wie wir irgendwann auch. Die Frage ist nur, wie wir gemeinsam mit ihnen die letzte Etappe ihrer Lebensreise gestalten. Oder ob wir uns erst danach die Frage stellen, ob wir anders hätten handeln können. Oder sollen. Oder müssen. Oder hätten können müssen.

Altwerden ist nichts für Feiglinge, heißt es so schön, und da ist was dran. Als Neuropsychologin untersuche und behandele ich Menschen, die von Schlaganfällen, Schädel-Hirn-Verletzungen, Parkinsonkrankheit oder Demenz betroffen sind. Als Wissenschaftlerin erforsche ich die Wirksamkeit neuer verhaltensbezogener Behandlungsmethoden. Die meisten meiner Patienten sind 65+. Ich erlebe täglich, wie sehr sie sich wünschen, dass alles wieder so sein möge wie früher. Auch ihren erwachsenen Kindern fällt es oft schwer, sich auf die Veränderungen im Leben ihrer Eltern einzustellen. Wie ihre Eltern möchten sie, dass es möglichst so weitergeht wie immer: Wenn schon nicht perfekt, so ist es doch wenigstens vertraut. Und so geht der Krug weiter zum Brunnen, bis er eines Tages bricht. Kommt dieser Tag, dann müssen Notlösungen getroffen werden, die schockierend weit von den Wünschen aller Beteiligten entfernt sind und die leider oft zu quälenden Dauerlösungen werden, weil der Zeitpunkt verpasst wurde oder den Eltern inzwischen Kraft und geistiges Vermögen fehlt, um bessere Alternativen zu entwickeln.

Theoretisch wissen wir alle, dass das vermeidbar wäre. Trotzdem stecken wir lange den Kopf in den Sand, in der Hoffnung, das Problem werde sich schon von alleine lösen. Laut Lexikon bezeichnet der Begriff »Problem« den Abstand zwischen dem wahrgenommenen Ist-Zustand und einem angestrebten Sollzustand. Der Kern *unseres* Problems liegt nicht nur in der gefühlten Diskrepanz zwischen Tun und Hätte-tun-Sollen; mit der könnten wir uns vielleicht noch arrangieren, so wie wir uns mit vielen Unterschieden zwischen uns und unseren Altvorderen arrangieren. Der tückische Kern des Problems ist der, dass die Diskrepanz stetig größer wird und ihre Verringerung, wenn wir sie denn anstreben, in doppelter Weise an Zeit gekoppelt ist. Denn unsere Eltern werden nicht nur immer gebrechlicher, sondern gleichzeitig läuft ihre verbleibende Lebenszeit ab wie eine Sanduhr. Der Preis für das Herausschieben des eigenen Handelns, das spüren wir deutlich, sind Schuldgefühle. Und der Katalysator dieser Schuldgefühle ist nichts Geringeres als der Tod unserer Eltern.

Ach du meine Güte, werden Sie jetzt denken. Was für ein tonnenschweres Thema! Müssen ausgerechnet wir uns damit auseinandersetzen? Wir, die wir in Frieden und Wohlstand aufwuchsen, konsumieren, bei Bedarf auch mal protestieren oder über chronische Missstände anhaltend lamentieren? Besser ausgebildet, gesünder, sportlicher, faltenfreier, nicht-grauhaariger und hochgewachsener als alle vor uns? Yep, meine Lieben. Leider müssen wir da durch. Das Ableben unserer Eltern ist unvermeidlich und weder mit Hyaluron noch mit Megafon zu bekämpfen. Für die Phase davor hoffe ich, Ihnen mit diesem Buch einen kleinen Wegweiser mitgeben zu können. Es wird nicht nur die Probleme, mit denen Sie konfrontiert sein werden, skizzieren, sondern auch Lösungswege aufzeigen. Denn die Erfahrung zeigt: keine Veränderung ohne eigene Veränderung. Der Schwerpunkt dieses Buches wird also darauf liegen, wie man die eingangs beschriebenen Probleme angeht: Wie man in die Hufe kommt, welche Etappen auf dem Weg liegen, wie man mit Schwierigkeiten klarkommt und was man selbst dabei gewinnen kann.

Übrigens: Auch wenn das Thema nicht so locker-flockig wirkt – kein Grund, den Humor zu verlieren, im Gegenteil. Es gibt viele gute Gründe, mal die Taschenlampe anzuknipsen und sich das Gespenst genauer anzuschauen. Vielleicht verliert es dann seinen Schrecken.

KAPITEL 1
ÄUSSERE GEGENSPIELER

Neulich traf ich Thomas, Ende vierzig, verheiratet, Vater von zwei halbwüchsigen Kindern und Leiter der Vertriebsabteilung eines mittelständischen Unternehmens. Er und seine Frau arbeiten beide, besitzen ein Eigenheim, und engagieren sich ehrenamtlich in ihrer Freizeit. Sie wohnen 300 Kilometer entfernt von Thomas' westfälischem Elternhaus.

Thomas' Vater ist vor Kurzem an einem Herzinfarkt verstorben. Auf meine Frage, wie es seiner Mutter gehe, seufzte er. Seit dem Tod des Vaters lasse sie niemanden mehr ins Haus und gehe selbst auch kaum noch nach draußen. Vermutlich Depressionen. Inzwischen sei sie wegen des Bewegungsmangels körperlich so kraftlos, dass sie Haus und Garten kaum noch in Ordnung halten könne. Er blicke nicht wirklich durch, was da los sei. Wegen der Kinder seien Besuche schwierig zu organisieren, daher sehe man sich selten. Als die Kinder klein waren, sei das noch anders gewesen – die Eltern waren damals noch aktiv und kamen mehrmals im Jahr zu Besuch.

Kürzlich habe ihn eine Nachbarin und alte Bekannte der Eltern angerufen und angedeutet, dass sie sich Sorgen um seine Mutter mache. Sie könne ihr eine Haushaltshilfe vermitteln, bezweifle aber, dass sie dieses Angebot annehmen würde. Der Anruf habe ihn zunächst erschreckt. Nach ein paar Tagen habe er sich allerdings entschieden, zu handeln. Die Mission lautete, Mutter Mechthild dazu zu bewegen, wenigstens jemanden zum Saubermachen ins Haus zu lassen. An einem Wochenende sei er mit seinem 13-Jährigen in den Wagen gestiegen, um die Mutter im Münsterland zu besuchen. Die beiden hätten sich extra bei Freunden einquartiert, um Mechthild nicht zu überfordern. »Und?«, wollte ich wissen. »Hatte die Mission Erfolg?«

Thomas zuckte mit den Schultern. Zwar habe sie am Ende halbherzig einem Probetermin mit der empfohlenen Reinigungskraft zugestimmt. Nach seiner Abreise sei daraus aber nie etwas geworden. »Immerhin«, so Thomas, »ich habe es zumindest versucht, mehr kann ich nicht tun. Insgesamt habe ich mich bei der ganzen Aktion aber ziemlich fehl am Platz gefühlt, und auch der Junge konnte mit der Oma gar nichts anfangen. So kraftlos und über alles lamentierend, das war schwer auszuhalten. Ehrlich gesagt, habe ich mich sogar ein wenig geschämt vor dem Jungen, weil in meinem alten Zuhause alles so verwahrlost war.« Die anderen Großeltern seien genauso alt, aber dort: alles picobello.

Thomas' Geschichte ist typisch für das große Heer erwachsener Kinder, das in den Achtzigern und Neunzigern von zu Hause auszog, um irgendwo in der Ferne den Grundstein für das eigene Leben zu legen. Typisch ist auch, dass mich diese Geschichte zugleich ratlos und ärgerlich machte. Warum ließ er, ein sozial engagierter und rechtschaffener Mann, seine Mutter schulterzuckend allein mit dem Schlamassel? Warum hatte es überhaupt einen Anruf von Mechthilds Nachbarin gebraucht, damit er mal nach dem Rechten sah? Sicher, es gibt immer Gründe, warum es gerade jetzt nicht passt. Der Job, eine private Krise, eine Urlaubsreise, die Kinder ... Dabei waren seine Kinder inzwischen längst aus dem Gröbsten raus. Unwillkürlich musste ich den Kopf schütteln. Die beiden waren in der Pubertät, da wird doch mal Zeit sein für Besuche im Elternhaus! Zweites Kopfschütteln: Pubertierenden Jugendlichen steht selten der Sinn nach Besuchen bei Oma oder Opa. Und wenn Thomas schon ahnte, dass es kein leichter Besuch werden würde, warum hatte er seinen Sohn dieser Situation überhaupt ausgesetzt? Welchen Zweck sollte der Junge erfüllen? Etwa als menschliches Schutzschild dienen? Wie konnte es sein, dass ein gestandener Mann, dessen hervorragende Kommunikationsfähigkeiten gegenüber Geschäftskunden die Grundlage für einen gut dotierten Job bildeten, im Gespräch mit seiner nächsten Anverwandten so unbeholfen war?

Vor allem aber war ich mit mir selbst unzufrieden: Thomas war mir gegenüber sehr offen gewesen und hatte mich im weiteren Verlauf unseres Gesprächs auch um Rat gefragt. Ich aber hatte nichts Gescheites antworten können. Klar hätte ich die moralischen Maßstäbe ansprechen können, die er sonst an sein Handeln anlegte und die nicht so recht zu der Aktion passten. Doch was hätte das genutzt? Er wusste selbst am besten, dass der Satz: »Ich hab's versucht, mehr kann ich nicht tun« zu wenig war. Eine Mischung aus Hilflosigkeit, Überforderung, Angst und Kopf-in-den-Sand-Stecken. Daher hatte ich mich also aufs Mitfühlende beschränkt. Verständnisvolles Seufzen und gemurmelte Bekräftigungen: »Ja, das hört man ja öfters ...

bei Susannes Vater läuft das gerade ähnlich ...« Wirklich weitergebracht hatte ihn das sicher nicht.

Eigentlich beste Voraussetzungen

Die Thomas-Geschichte führt uns vor Augen, wie paradox unser Problem ist. Die äußeren Bedingungen für einen regelmäßigen Kontakt zwischen den Generationen waren noch nie so hervorragend wie heute. Wir wohnen zwar in den seltensten Fällen alle unter einem Dach, doch wir verfügen über ein ausgezeichnetes Verkehrssystem mit dreispurigen Autobahnen, Hochgeschwindigkeitszügen und Billigfliegern. Moderne Kommunikationsmittel erlauben uns, auch über 300 Kilometer Distanz permanent in Kontakt zu bleiben. Die neueste Generation der »smarten« Telefone, jener schlauen Dinger zum Übertragen von Hörbarem, eignet sich zunehmend besser zur Übertragung von Sichtbarem. Mit Bildern und Videos können wir uns via Telefon oder Tablet ohne großen Aufwand und zeitlich flexibel gegenseitig auf dem Laufenden halten. Selbst diejenigen unter unseren Eltern, die nicht im Internet unterwegs sind, haben meist ein Handy, ein praktisches mobiles Telefon, das unterwegs mehr Sicherheit und soziale Anbindung gewährleistet als die Telefonzelle früherer Zeiten. Die war wahlweise kaputt, oder es fehlte das nötige Kleingeld, das, sofern vorhanden, gefühlt im Sekundentakt durchklackerte.

Doch weder die Fortschritte in der Mobilität noch die verbesserten technischen Möglichkeiten im Bereich Kommunikation scheinen die hinreichende Basis für eine verbesserte *Qualität* des Generationenaustauschs zu sein. Und auch bei der *Quantität* scheint durchaus Luft nach oben zu sein. Woran aber hakt es dann? An den *human resources*?

Wir sind besser ausgebildet und welterfahrener als alle Generationen vor uns. Wenn unsere Kinder groß sind, sind wir fitte fünfzig oder dynamische sechzig und haben im Normalfall dank der allgemein gestiegenen Lebenserwartung immer noch viel Zeit vor uns. Einen Teil dieser Zeit können wir der Beschäftigung mit unseren Eltern widmen, weil diese heutzutage ebenfalls ziemlich alt werden. Wenn es dabei zu Auseinandersetzungen kommen sollte, sind wir eigentlich bestens vorbereitet. Wir sind die erste Generation, der zu Kinder- und Jugendtagen flächendeckend das *Gespräch* und nicht die Anwendung von Gewalt als gesellschaftlich akzeptierter Standard der Konfliktlösung vermittelt wurde. Wir leben mehrheitlich nicht mehr in der ständigen tief sitzenden Angst, für ein »Nein« als Reaktion auf eine elterliche Forderung mit Schlägen oder Liebesentzug bestraft zu werden. In der Generation unserer Eltern und Großeltern war das noch ganz anders.

Im beruflichen Kontext haben wir an Kommunikationstrainings, im privaten Umfeld an Veranstaltungen zu den Themen Selbsterfahrung, Sinnfindung und persönliche Weiterentwicklung teilgenommen. Viele von uns sind, wie es so schön heißt, »therapieerfahren« oder wurden in Job oder Privatleben zumindest schon mal »gecoacht«. Wir haben uns dabei intensiv mit den eigenen Stärken und Schwächen sowie mit deren Entstehungsgeschichte auseinandergesetzt.

Es gibt also – theoretisch – eine ganze Menge von Faktoren, die eine gute Kommunikation zwischen uns und unseren Eltern begünstigen würden. Im konkreten Fall scheinen wir all das zu vergessen. Nicht Kommunikation auf Augenhöhe, sondern Ausweichmanöver, bedrücktes und bedrückendes Schweigen bestimmen den »Dialog«. Der Grund dafür liegt in ein paar Gegenspielern, inneren und äußeren, die diesen *eigentlich* besten Voraussetzungen entgegenstehen, weil sie Distanz schaffen.

Tod und Sterben: die großen Tabus

Fangen wir mit den äußeren Gegenspielern an: den Rahmenbedingungen, die unsere Distanz und Verunsicherung vergrößern. Der vielleicht wichtigste Gegenspieler verbirgt sich hinter der Frage, wie wir heute im gesellschaftlichen Kontext mit Tod und Sterben umgehen. »Nicht der Tod, sondern das Sterben beunruhigt mich«, lautet ein berühmter Ausspruch des französischen Renaissance-Philosophen Michel de Montaigne.[1] Renaissancetypisch blickte er beunruhigt auf das Diesseitige, das Sterben. Für die Zeit nach dem Tod hingegen vertraute er auf das Paradies, ein einigermaßen anständiges Leben und eine Beichte vor dem Ableben vorausgesetzt. Dieses Grundvertrauen haben viele Menschen heute nicht mehr: Sie fürchten beides, das Sterben und den Tod. Sie sehen es sogar als eine Einheit. Dabei macht es durchaus Sinn, das Sterben als Prozess zu unterscheiden vom Tod als dem Zustand danach. Dafür posthum merci, Monsieur de Montaigne!

Das, was nach unserem Tod passiert, ist Glaubenssache. Wir können uns darüber austauschen, wir können die Annahmen übernehmen, die Religionen dazu vorgeben, oder unsere eigenen Vorstellungen entwickeln. Wobei auch die Annahme, dass nach dem Tod alles zu Ende ist, eine reine Hypothese ist. Ganz anders verhält es sich mit dem Sterben: Es ist ähnlich wie die Geburt ein Prozess, den wir beschreiben und miter-*leben* können. Der zwar individuell unterschiedlich anmutet, jedoch einem bestimmten Ablauf folgt. Sterben ist ein Teil des Lebens, wenn auch der letzte.

Zunächst also zum Sterben: Wieso wissen wir fast 500 Jahre nach der Renaissance immer noch so wenig darüber? Die einzige Antwort, die mir einfällt, ist: Wir vermeiden dieses Thema, solange es geht. In unserer modernen Gesellschaft wird alles Mögliche, das früher als der Privatsphäre zugehörig galt, bis in die letzten Details ausgelotet und ausgebreitet. Allen voran Sexualität und Partnerschaft, in religiösen Kontexten häufig tabuisiert und bis in die späten sechziger Jahre hinter die Milchglasscheibe des ehelichen Zusammenlebens verbannt. Heute jedoch wird über alle Facetten, vom Seitensprung über Sex-Spielzeuge bis zum konstruktiven Streiten unter Paaren offen diskutiert. Magazine und Ratgeber sind voll davon! Details zu heiklen Übergangsphasen wie Geburt, Pubertät oder der Menopause des Mannes sind zum Allgemeinwissen geworden. Über den Schritt vom Leben innerhalb des Mutterleibs zum Leben draußen sind beispielsweise auch Menschen, die selbst keine Kinder haben, zumindest in groben Zügen informiert: Die Fruchtblase platzt, die Wehen setzen ein und werden immer stärker, in der Eröffnungsphase sollte man sie weghecheln und erst später in der

Austreibungsphase kräftig mitpressen. Wenn das Baby auf der Welt ist: Andocken lassen, Nabelschnur durchschneiden, Mutterkuchen abwarten.

Mal ehrlich: Könnten Sie den Prozess des Sterbens ähnlich präzise beschreiben? Welche Anzeichen den herannahenden Tod ankündigen oder wie man unterstützend darauf eingeht, dieses Wissen ist allenfalls spezialisiertem Pflegepersonal und Ärzten vorbehalten. Warum gibt es für Laien zwar flächendeckend Geburtsvorbereitungskurse, während Informationen zum Sterben allenfalls in Spezialvorträgen für ehrenamtliche Hospizmitarbeiter vermittelt werden?

Paradoxerweise bekommen wir, sobald wir den Fernseher anschalten oder ins Internet gehen, massenweise Sterbende präsentiert. Durchschnittlich 18 000 Leichen hat ein Kind heute bei Erreichen der Volljährigkeit in den verschiedenen Medien gesehen.[2] Wenige Sekunden Naheinstellung aufs Gesicht, die Augen brechen, der Kopf fällt zur Seite. Zack, Kameraschnitt, in der Raumtotale werden die Reaktionen von Gegnern, Trauernden oder Ermittlern gezeigt. Geht so Sterben? Grundschulkinder sind heute mehrheitlich der Auffassung, Menschen würden *immer* durch Mord sterben. Das haben Befragungen ergeben.[3] Wir Erwachsenen wissen natürlich, dass das nicht stimmt. Aber viel mehr wissen wir nicht.

Natürliches Sterben, die in unserem friedlichen und zivilisierten Land ungleich häufigere Variante als die durch Fremdeinwirkung, vollzieht sich sehr langsam. Die Veränderungen sind schleichend, ziehen sich über Tage hin. Der Appetit schwindet, der Organismus wird langsam schwächer, die Blutversorgung konzentriert sich auf die Körpermitte. Die Atmung verändert sich – Sterbende atmen durch den Mund, der dabei leicht geöffnet ist und deshalb quälend austrocknet. Der Atem rasselt, wenn wegen schwindender Nierenfunktion Flüssigkeit in der Lunge eingelagert wird und der Schluckreflex den Speichel nicht mehr abtransportiert. Phasen der Unruhe und Phasen des Dahindämmerns wechseln sich ab, manche Sterbende durchleben jetzt intensive Fantasien. Die Gesichtszüge fallen ein, die Nase ragt scheinbar spitzer heraus – das hippokratische Gesicht, für Pflegende in früheren Zeiten das Zeichen, den Geistlichen zu rufen. Jetzt stellen die Organe nach und nach ihren Dienst ein. Zum Schluss wird der Atem unregelmäßig, das Herz setzt aus. Ein letztes, unbändiges und von positiven Gefühlen begleitetes Aufbäumen des Gehirns – aus neurowissenschaftlicher Sicht ein letztes Anfluten von Endorphinen und Neurotransmittern, aus religiöser Sicht die Begleiterscheinung des Seelenübergangs ins Jenseits.

Eines solchen natürlichen Todes zu sterben ist medial natürlich viel schwieriger darzustellen als der gewaltsame Tod. Selbst in Texten wird das Sterben selten ausführlich beschrieben – vielleicht fehlt die überraschende Wendung, der Tod taugt schlecht als Pointe. Wohltuende Ausnahme: die ungemein fesselnde, detail- und geistreiche Darstellung von Roland Schulz im Magazin der *Süddeutschen Zeitung*, für die er den Deutschen Reporterpreis 2016 erhielt.[4] Selten hatte man bisher die Chance, das Sterben so faktenreich und dabei so respektvoll und menschlich aus der Nahperspektive nachzuvollziehen.

Natürlich gibt es einleuchtende Gründe, warum wir Angst vor dem Sterben haben. Bis vor etwa fünfzig Jahren fand das Sterben meist zu Hause statt. Wenn die Pflegenden die oben beschriebenen Sterbezeichen erkannten, leiteten sie das Abschiednehmen ein. Je nach Konfession wurde der Gemeindepfarrer mit der »Letzten Ölung« oder der Pastor mit einem tröstlichen Bibelwort zum Hausbesuch gebeten. Kinder konnten einen Blick auf die Sterbenden werfen, durften noch einmal ans Bett treten und erfuhren eine letzte, wichtige Berührung. Vielleicht schauten Freunde und Familienangehörige noch mal herein und erhielten letzte Worte mit auf den Weg. Der herannahende Tod hat immer etwas Schicksalhaftes, spannungsvoll Wartendes. Die vertraute häusliche Umgebung schaffte jedoch für alle Beteiligten Sicherheit und nahm dem Sterben das Gespenstische.

Je mehr sich in der Nachkriegszeit die medizinischen Behandlungsmöglichkeiten entwickelten, desto weniger wurde zu Hause gestorben. Sterben verlagerte sich in Heime und Kliniken, Abschiednehmen fand - wenn überhaupt - häufig im piepsenden und blinkenden Rahmen der Intensivstation statt, und nicht immer konnten ökonomische Interessen der Kliniken dabei völlig ausgeschlossen werden. Dieses Phänomen und das gleichzeitig beeindruckende Voranschreiten von Hospizbewegung und Palliativmedizin in den letzten zwei Jahrzehnten sind andernorts mit viel Herz und Sachverstand beschrieben worden[5]. Aktuell stirbt in Deutschland, so eine aktuelle Studie der Bertelsmann-Stiftung[6], jeder Zweite im Krankenhaus, obwohl sich 75 Prozent wünschen, zu Hause zu sterben. Etwa 30 Prozent aller Deutschen erhalten heutzutage eine ambulante oder stationäre palliativmedizinische Behandlung - etwa 90 Prozent würden eine solche benötigen, so die Experten, die die Studie verfassten. Vieles hat sich getan - aber es gibt noch Luft nach oben.

Wenden wir uns nun dem Tod selbst zu. Der englische Soziologe Tony Walter, langjähriger Direktor des »Centre for Death and Society« in Bath, veröffentlichte bereits 1991 einen sehr scharfsinnigen Artikel, der noch heute als klassische Referenz in der »Tabu-Debatte« gilt.[7] Walter ging darin der Frage nach, warum sich die These von der Tabuisierung des Todes in der modernen Gesellschaft so hartnäckig halte, obwohl der Tod in den Medien stetig an Präsenz gewinne – wohlgemerkt, der Artikel erschien 1991, vor der Geburt des WorldWideWeb.

Die von Walter favorisierte Antwort: Nicht die moderne Gesellschaft tabuisiert den Tod, sondern das moderne *Individuum*. Gesellschaften, so der zweidimensionale Erklärungsansatz des Soziologen, unterschieden sich nicht nur darin, ob sie den Tod tabuisierten oder nicht, sondern vor allem darin, ob sie Zeit als ein zyklisches oder lineares Phänomen begriffen. In Kulturen, in denen Zeit als Kreislauf konzeptualisiert werde, sei ein Ende nicht vorgesehen. Folglich werde der Tod gesellschaftlich tabuisiert, denn ein Ende des Kreislaufs würde das große Ganze infrage stellen. Begräbnisrituale symbolisierten in diesen Kulturen die Fortsetzung des Lebens in anderen Sphären: Tote werden auf die Reise ins Totenreich geschickt, ausgestattet mit Fahrzeugen, Waffen, Schmuck, Nahrung und allerlei anderen Beigaben.

In Kulturen, die an eine Fortsetzung ohne den irdischen Körper denken, existieren Vorstellungen wie die, dass sich Geist oder Seele lösen und in andere Sphären gelangen. Häufig werden Rituale durchgeführt, um diese Loslösung zu erleichtern. Für das einzelne Individuum bedeutet das, den eigenen Tod nicht fürchten zu müssen, da das große Ganze ja weitergeht.

Anders in modernen westlichen Kulturen: Hier werde Zeit als lineares Phänomen gesehen, folglich habe auch die Lebenszeit einen Anfang und ein Ende. Der Tod werde *gesellschaftlich* nicht tabuisiert, sondern – siehe oben – tausendfach auf allen Kanälen gezeigt. Für das moderne Individuum jedoch, so Walter, seien der eigene Verfall und die eigene Auslöschung bedrohlich. Es gebe keine allgemeinverbindlichen Rituale mehr, um die Lebenszeit des Einzelnen als kurze Episode in einen großen, immerwährenden Staffellauf einzubinden.

Um im Bild zu bleiben: Jeder läuft sein Rennen als Einzelläufer, solange er kann, und ignoriert sein Ende, auch wenn ihm schon merklich die Puste ausgeht. Was ihm dabei hilft, ist die variable Streckenlänge und die Unkenntnis derselben: Niemand weiß, ob die eigene Ziellinie nach 100, 400 oder 1000 Metern erreicht ist. Daher tun die Einzelläufer so, als ob es gar keine Ziellinie gäbe. Nicht für sich selbst, aber auch nicht für die anderen. Wer sagt schon gern mit einem kurzen Blick über die Schulter: »Tschüs, dich gibt's bald nicht mehr, wir laufen dann ohne dich weiter!« Bei einem linearen Zeitverständnis wie dem unseren würde das äußerst unsportlich wirken, zumal die kurze Streckenlänge ja jeden treffen kann. Laut Walter würden solche Aussagen vermieden, um auch noch dem angeschlagensten Läufer die Möglichkeit zu geben, bis zum Schluss sein Gesicht zu wahren. Man redet nicht über das Ende. Außer man ist Onkologe. Und selbst die müssen sich die Fähigkeit, das Unaussprechliche auszusprechen, hart antrainieren.

Walters zweidimensionaler Ansatz erklärt den Widerspruch zwischen der öffentlichen Allgegenwärtigkeit des Todes und der privaten Sprachlosigkeit in unserer Gesellschaft ganz gut, finde ich. Seine Theorie macht begreifbar, warum der Umgang mit dem Tod im Extremfall einem absurden Theaterstück gleicht: In Pflegeeinrichtungen und Krankenhäusern liegen Menschen, die so todkrank sind, dass keine Heilungschancen mehr bestehen und die Medizin nur noch palliativ tätig sein kann. Viele der Kranken werden von ihren engsten Angehörigen täglich besucht, dabei reden sie über alles Mögliche, verlieren aber kein Wort über den nahenden Tod. Nicht die Angehörigen, nicht die Sterbenden. Beide Seiten sind der Auffassung, der jeweils anderen damit etwas Gutes zu tun, obwohl beide unter dieser Sprachlosigkeit leiden.

Für lange Gespräche ist der Zeitpunkt dann häufig auch zu spät – Körper und Geist sind schon zu sehr mit dem Showdown beschäftigt, und die Kapazitäten sind begrenzt. Das Einzige, was hilft: Sprechen Sie schon vorher darüber. Ziehen Sie Bilanz, tauschen Sie sich aus darüber, was Sie glauben: ob und wie es weitergeht. Ob Sie hoffen, nach dem Tod den Verstorbenen wiederzusehen, ob Sie Angst haben vor dem Jüngsten Gericht oder ob Sie sich darauf freuen, als Teilchen im All herumschweben zu können. Dann ist entweder schon alles gesagt, wenn es so weit ist, oder man kann darauf aufbauen. Dazu später mehr.

Gesellschaftlicher Wandel und Generationenüberlappung

Neben der Tabuisierung des Endes, die Mitglieder aller modernen säkularen Gesellschaften betreffen dürfte, gibt es noch ein paar gesellschaftlich-historische Besonderheiten, die speziell die hiesige Generation der ab 1960 Geborenen betrifft. Diese Besonderheiten beziehen sich auf die Phase vor dem Tod: Der über Jahrhunderte bestehende Generationenvertrag zwischen Eltern, die ihre Kinder bis zum Erwachsenwerden betreuen, woraufhin diese dann ihre Eltern bis zum Tod betreuen, besteht nicht mehr. Zumindest nicht mehr in der gewohnten Form.

Denen, die dies betrauern, sollte man zu bedenken geben, dass die Menschen vor dem Zweiten Weltkrieg im Schnitt mehr Kinder hatten. Die Hauptbetreuung übernahm eines davon, häufig ein unverheiratetes, meist weibliches, und wohl nicht immer ganz freiwillig. Es wurde gesellschaftlich erwartet, dass man sich kümmerte, es gab wesentlich weniger professionelle Betreuungseinrichtungen, aber die Übernahme der Aufgabe war sicherlich nicht immer nur zum eigenen Schaden. Zudem war die Aufgabe zeitlich etwas begrenzter als heute, denn die Eltern lebten früher bekanntlich weniger lange.

Nicht von ungefähr begann die Generation derer, die im Nachkriegsdeutschland aufwuchsen, diesen Generationenvertrag schrittweise aufzulösen. Oder besser gesagt: zu flexibilisieren, weil sie Freiheit und Gleichheit nicht nur als hehre Werte in ihrer neuen Verfassung wissen wollten, sondern daraus auch für ihr Privatleben das

Recht auf individuelle Lebensgestaltung, Selbstbestimmung und Gleichberechtigung im Zusammenleben mit anderen ableiteten. Sie gaben diese Werte an ihre Kinder weiter, die ihren Beruf, ihre Partner, ihren Wohnort, ihre Freizeitbeschäftigungen und – inzwischen gab es die Geburtenkontrolle – auch die Größe ihrer Familie selbst wählen konnten und durften. Das taten sie dann auch. Mit dem Ergebnis, dass sich die Kinder- und Enkelschar und somit die Anzahl potenzieller Besucher und Betreuer für die Altersphase verringerte. Aus der bauchigen Generationenpyramide wurde eine Bohnenstange.[8]

Seit den siebziger Jahren schließlich hat sich unsere Gesellschaft auch auf anderen Ebenen rasant verändert. Der Ausbau des Bildungssystems, die Veränderung von Familienstrukturen und die gestiegenen Anforderungen an Mobilität im Arbeitsleben, um nur einige Aspekte zu nennen. Viele von uns leben seit ihrer Volljährigkeit weit entfernt von ihren Eltern. Und in den damals neuen Bundesländern führten die ökonomischen Folgen der Wende dazu, dass auch bereits langjährig erwachsene Kinder aus wirtschaftlichen Gründen wegzogen.

Die heutige mittlere Generation hat im Schnitt höhere Bildungsabschlüsse als ihre Eltern. Besonders deutlich wird diese Diskrepanz zwischen Töchtern und Müttern. Es gehört daher immer seltener zum Lebensentwurf von Frauen, ihre Eltern oder sogar Schwiegereltern selbst zu pflegen: sie haben andere Alternativen. Durch die gestiegene Frauenerwerbstätigkeit ist es – trotz ausbleibender Lohngerechtigkeit – auch für Ehemänner weniger attraktiv, aufgrund eines familiären Pflege-Arrangements Einbußen im Doppelverdiener-Haushalt in Kauf zu nehmen oder gar durch eigenen Mehrverdienst auszugleichen.

Faktisch sind pflegende Angehörige allerdings nach wie vor unverzichtbar. Sie sind, wie die Robert-Bosch-Stiftung in einem Bericht des Jahres 2014 konstatierte, »Deutschlands größter Pflegedienst«: So werden beispielsweise 80 Prozent aller Demenzkranken von ihren Angehörigen betreut. Immer noch mehrheitlich von Frauen, aber der Anteil pflegender Männer steigt kontinuierlich. Von etwa 10 Prozent zu Anfang des Jahrtausends hat er sich auf 20 Prozent verdoppelt.[9] Insgesamt sinkt der Anteil der Vollzeit-Familienpflege jedoch zugunsten einer *zeitweisen* Betreuung in einem Umfang von maximal zwei Stunden täglich.

Neben den bereits erwähnten Faktoren wie steigender Frauenerwerbstätigkeit und Doppelverdiener-Arrangements liegt dies auch an der zunehmenden Vielfalt von Lebensformen, die inzwischen ebenfalls in die Jahre kommen. Die viel beachteten Großstadt-Singles haben im Alter keine pflegenden Ehepartner. Die Wahrscheinlichkeit, dass Männer von jüngeren Lebensabschnittspartnerinnen gepflegt werden, sinkt mit abnehmender Beziehungsdauer vor dem Eintritt in diese Phase. Sie sinkt auch, je größer die Möglichkeiten der Partnerin sind, eigenes Einkommen zu beziehen.

Schlechte Nachrichten auch für die Verheirateten unter uns: Gut 40 Prozent der Ehen werden wieder geschieden[10], und die dabei entstehenden Ex-Schwiegertöchter werden die Eltern ihrer Ex-Männer ziemlich sicher nicht pflegen. Auch für die Kinder hat eine Trennung Konsequenzen, denn ihre Eltern leben in zwei verschiedenen Haushalten, vielleicht sogar in unterschiedlichen Orten. Das vergrößert den Aufwand, mit beiden Elternteilen Kontakt zu halten.

Viele getrennte Elternteile gehen neue Partnerschaften ein oder gründen neue Familien. Die »Patchwork«-Familie ist inzwischen gesellschaftliche Realität. Wenn neue Partner erst nach der eigenen aktiven Familienphase ins Leben der Getrennten treten, ergeben sich daraus wieder neue Patchwork-Varianten: Menschen, die nie zusammengelebt haben, treffen als erwachsene Kinder ihres jeweiligen Elternteils in sehr privaten Situationen aufeinander. Dies kann sich als Glücksfall erweisen oder als das Aufeinanderprallen Lichtjahre voneinander entfernter Galaxien. In jedem Fall ist es erst mal komplizierter und verlangt mehr Flexibilität von uns als das traditionelle Ehe- und Arbeitsteilungsmodell, das erst endet, wenn einer von beiden stirbt.

Eine Folge der steigenden Lebenserwartung ist auch die verlängerte Generationenüberlappung.[11] Unsere Eltern sind in der heutigen Zeit durchschnittlich nicht mehr dreißig, sondern fünfzig Jahre gemeinsam mit uns auf der Welt – bis wir selbst alt werden. Alles hat sich ein Stück nach hinten verschoben: Wir bekommen auch später in unserem Leben das erste Kind, derzeit mit etwa 31 Jahren im Vergleich zu 25 Jahren anno 1965. Die Lebenserwartung an sich hat aber einen noch größeren Schritt vollzogen.

Der interessanteste Parameter dabei ist die sogenannte fernere Lebenserwartung, also die Anzahl der Jahre, die man mit 65 durchschnittlich noch zu erwarten hat. Im Jahr 1900 waren das geschlechtsunabhängig etwa zehn Jahre. 1965 hatten Männer mit 65 durchschnittlich noch zwölf, Frauen 15 Jahre vor sich; unsere Großeltern-Generation starb also mit Mitte siebzig bis achtzig. Wer heute

65 Jahre ist, hat im Schnitt noch 17 (Männer) bzw. 21 Jahre (Frauen) vor sich![12] Damit rückt der Zeitpunkt, an dem wir uns von unseren Eltern verabschieden müssen, von den Vierzigern in die Fünfziger oder sogar Sechziger unseres Lebens. Rentner über sechzig, die um ihre kürzlich verstorbenen Eltern trauern, mögen uns heute noch ungewöhnlich erscheinen, werden aber künftig keine Seltenheit sein. Enkel erleben ihre Großeltern schon heute nicht nur während der Kindheit, sondern bis weit hinein ins eigene Erwachsenenalter.

Diese verlängerte Überlappung der Generationen bringt Veränderungen für das Zusammenleben mit sich. Ein Sprichwort sagt: »In den Augen unserer Eltern bleiben wir immer Kinder.« Wie aber gestalten wir die Beziehung zu Mutti und Vati, wenn diese neunzig sind und wir mit sechzig selbst Enkel haben und uns mit den ersten Altersplagen herumschlagen?

Erstes, zweites und drittes Alter

Für die Älteren selbst birgt die verlängerte Altersphase eine zunehmende Ausdifferenzierung von Lebensabschnitten mit unterschiedlichen Entwicklungsaufgaben.

Die einzige psychologische Entwicklungstheorie, die das Alter jenseits der fünfzig überhaupt berücksichtigt, wurde 1959 von dem österreichisch-amerikanischen Psychoanalytiker Erik Homburger Erikson und seiner Frau Joan Erikson in »Identity and the Life Cycle« formuliert.[13] Die beiden gingen davon aus, dass sich die menschliche

Persönlichkeit nach einer festen, genetisch vorprogrammierten Reihenfolge stufenweise entwickelt. Dabei hat jede Altersstufe ihre spezifische Aufgabe, in der Pubertät beispielsweise ist es die Suche nach der eigenen Identität und dem Platz in der Gesellschaft. Die achte Entwicklungsstufe, jenseits der fünfzig, ist die des Rückblicks auf das eigene Leben. Wer es schafft, den Verlust früherer, langjähriger Rollen wie die der Kindererziehung oder der Erwerbstätigkeit zu verkraften, wer zudem das eigene Leben einschließlich Fehlentscheidungen und Schicksalsschlägen akzeptiert, der gelangt zu Integrität und kann den Tod annehmen. Das Stadium der »Weisheit« ist erreicht.[14] Gelingt dies nicht, kann man schlecht mit dem Vergangenen abschließen. Neben einer verachtenden Haltung gegenüber sich selbst und anderen führt dies Erikson zufolge zu Angst vor dem Tod, und, da dieser unausweichlich erscheint, zu Verzweiflung.

In den meisten Sozialberufen ist die Erikson-Theorie Standardlektüre. Weitgehend unbekannt ist hierzulande hingegen, dass Joan Erikson diese acht Stadien nach dem Tod ihres Mannes um ein neuntes Stadium erweiterte. In »The Life Cycle Completed«[15], das 1998 erschien (und nie ins Deutsche übersetzt wurde), beschreibt sie eine weitere Lebensphase, die durch chronische Krankheiten, zunehmende Abhängigkeit, Verlust und soziale Isolation gekennzeichnet ist. Am Ende dieser schwierigen Phase steht der Tod, der als Befreiung erlebt wird.

Wie auch immer man diese Erweiterung in Fachkreisen einordnet – sie trägt dem Umstand Rechnung, dass Menschen immer älter werden und zwischen dem Erwachsenwerden der Kinder und dem eigenen Tod mehrere unterschiedliche Aufgaben vor uns liegen. Wir gewöhnen uns langsam daran, diese Phasen genau wie die zu Beginn des Lebens nicht in einen Topf zu werfen, weil sich Rahmenbedingungen und Kapazitäten ähnlich deutlich unterscheiden wie die von Grundschulalter und Jugend.

In der Soziologie hatte die verlängerte Lebenserwartung ebenfalls eine Ausdifferenzierung der Altersphasen zur Folge. Peter Laslett führte 1989 den Begriff »drittes Alter« ein, eine aktive Lebensphase vor der Hochaltrigkeit als dem »vierten Alter«.[16] »Junge Alte«, »Silverliner« oder »Generation 65plus«: das Konzept erscheint uns heute selbstverständlich. Inzwischen liest man bereits vom »ersten, zweiten und dritten Alter«.[17] Das erste, sogenannte junge Alter zwischen sechzig und 75, ist geprägt vom Ende der Erwerbsphase. Viele junge Alte sehnen den Renteneintritt herbei, sie haben Pläne für das Leben danach geschmiedet. Andere fürchten ihn und versuchen den Tag X auszublenden. Eine große Zahl von jungen Alten ist heutzutage körperlich fit oder zumindest in der Situation, die Auswirkungen des Alters einigermaßen in Schach zu halten. Die neue Freiheit wird geschätzt, man genießt und reist, macht Sport, pflegt Hobbys und verbringt Zeit mit den minderjährigen Enkeln. Das sind in dieser Phase die beherrschenden Themen.

Mit etwa 75 Jahren tritt das »zweite Alter« ein, die typischen Begleiterscheinungen – Einschränkungen beim Hören, Sehen und Schmecken sowie Mehrfacherkrankungen – verkleinern schrittweise den Aktionsradius. Jene Altersphase also ist erreicht, in der die Kinder langsam der gespenstische Gedanke heimsucht, das junge Alter ihrer Eltern könnte kein Dauerzustand sein. Für Menschen in diesem zweiten Alter ist das zentrale Thema, Federn zu lassen, mit Einschränkungen klarzukommen. Geschätzt wird die Gemeinschaft – man will nicht allein dastehen, fürchtet aber gleichzeitig den Verlust der Freiheit. Mit genau dieser Ambivalenz haben wir es als Kinder zu tun, und sie trifft auf unsere eigene Zwiegespaltenheit. Das ist so, als ob man zu zweit ein gemischtes Doppel spielt.

Das »dritte Alter«, auch »Hochaltrigkeit« genannt, kann viele Jahre danach eintreten, es kann aber auch recht schnell gehen. Diese Abschlussphase ist eher beschaulich und findet meist drinnen statt, mit gelegentlichen begleiteten Ausflügen nach draußen. Paradoxerweise sind diejenigen, die diese Phase erreichen, gar nicht mal so unzufrieden. Die schweren Schlachten sind geschlagen, im Idealfall wurde mit den großen und kleinen Altersplagen ein Waffenstillstand ausgehandelt, und jeder neue Tag kann als kleiner Sieg gelten.

Wichtig in dieser Phase ist Sicherheit, vor allem aus der Sicht des Umfelds. Jeder Sturz, jede Infektion kann langwierige und schmerzhafte Folgen haben. Aus Sicht derer, die das dritte Alter erreichen, ist ein Plus an Sicherheit aber janusköpfig, denn sie befürchten und erleben häufig ein Minus an Freiheit und Gemeinschaft, zumindest in den Facetten, die sie in den Jahren zuvor liebgewonnen haben. Da das Herumlaufen in der Weltgeschichte immer schwieriger wird, verlagert sich das Erleben häufig nach innen. Eine feste Tagesstruktur und regelmäßige Alltagsverrichtungen geben Halt und gewinnen zunehmend an Bedeutung.[18] Der Rückblick auf das eigene Leben, die vertrauten Dinge und Menschen, die kleinen Vorlieben, all dies wird wichtiger als der Megastrom von Informationen in der Außenwelt.[19]

Für diese Phase ist es optimal, wenn wir bereits im zweiten Alter eine tragfähige Bindung und wohltuende gemeinsame Rituale aufgebaut haben, sodass wir entspannt und friedlich mit unseren Eltern umgehen und dem Sterben entgegenblicken können.

KAPITEL 2
INNERE GEGENSPIELER

So plausibel die bisher dargelegten Aspekte sein mögen: reichen sie aus, um unsere Unsicherheit, Hilflosigkeit und manchmal auch Distanz hinreichend zu begründen? Zumal viele von uns trotz eigener, moderner Lebensweise regelmäßig in Kontakt mit ihren gebrechlich werdenden Eltern stehen und sie unterstützen möchten. Sie machen sich ernsthaft Gedanken, wie es weitergehen soll, sie kommen bloß nicht recht voran damit und fragen sich vergeblich, woran das liegt. Die äußeren Gegenspieler – gesellschaftliche und historische Gegebenheiten – lassen sich schwerlich ändern, und es scheint so, als stünden sie im Patt – da gibt es Förderliches und Hinderliches. Wenn wir trotzdem nicht vorankommen, liegt die Vermutung nahe, dass es neben äußeren auch innere Gegenspieler gibt. Diese sollten wir uns anschauen, denn sie sorgen dafür, dass aus konkreten Problemen Gespenster werden.

ASWI: Alles so wie immer

Als Gegenspieler Nummer eins bietet sich ein Kandidat an, der eigentlich ganz sympathisch und harmlos daherkommt: ASWI, oder ausgeschrieben: »Alles so wie immer«. Dass der Mensch ein Gewohnheitstier ist und sich dadurch sein Alltagsleben vereinfacht, ist ein Allgemeinplatz. Dass sich Gewohnheiten hartnäckig halten, obwohl wir unter ihren Auswirkungen täglich leiden (Stichwort Übergewicht oder Rückenprobleme), kann im Einzelfall dann aber doch verblüffen.

Therapeuten verwenden einen sehr technisch klingenden Begriff, wenn es um das Phänomen geht, dass Gewohnheiten beginnen, uns ans Eingemachte zu gehen und zu zerstören, was uns am Wichtigsten ist: *dysfunktional*. Unser Tun erfüllt seine ursprüngliche Funktion nicht mehr, es hat sich verselbstständigt. Es bringt uns Ärger und Verdruss, aber wir halten daran fest, weil wir uns daran erinnern, dass es uns zumindest in der Vergangenheit ein wenig Glück, Zufriedenheit oder Sicherheit verschafft hat.

Das ist Ihnen zu abstrakt? Also gut, nehmen wir Waltrauds Buttercremetorte. Waltraud ist die 87-jährige Großmutter meiner Freundin Tanja, sie ist eine tüchtige, kluge und aufmerksame Person und eine gute Hausfrau. Nur Kochen und Backen war nie ihre Stärke. Irgendwann in den sechziger Jahren hat Waltraud sich auf Biskuitrolle mit Buttercreme und Schokostreuseln drumherum spezialisiert, die die Enkel als Kleinkinder gern aßen und die deren Mütter praktisch fanden: süß und matschig, gut mit dem Löffel zu essen, wenig Krümel auf dem Boden. Und weil die Buttercreme-Biskuitrolle alle Beteiligten zufrieden machte, blieb es dabei.

Waltraud leidet seit Langem unter Gallenkoliken und Diabetes, Tanja ist inzwischen Mitte vierzig, mittlerweile kommt sie ohne Kinder, alle paar Wochen. Bei jedem Besuch wird Buttercremetorte serviert: ASWI. Meine Freundin findet das rührend, sie setzt sich wie eh und je auf das Küchensofa, das für sie zu Kindertagen – weißt du noch, Oma? – in einen Schlafplatz verwandelt wurde. Sie verzehrt ein Stück Buttercremetorte, lehnt ein zweites zunächst ab, isst es aber dann doch, weil Waltraud nicht lockerlässt: ASWI. Was soll Oma auch mit den Resten, wegen Galle und Zucker darf sie sowieso nichts davon essen. Wegwerfen würde Waltraud die Kuchenreste niemals, »wegen dem Krieg«. Sie wird sie im Laufe der Woche der Reinigungskraft, ihrer Nachbarin, der Friseurin, die ins Haus kommt, und schließlich einer Katze anbieten, die manchmal zu Besuch kommt. Als gute Hausfrau versteht sie etwas davon, effektiv zu wirtschaften, und abgesehen davon: kleine Geschenke erhalten die Freundschaft.

Alles so wie immer, also alles gut? ASWIs haben einen entscheidenden Nachteil, sie sind robust gegenüber Veränderungen. Tanja mag als Kind Buttercremetorte gemocht haben, inzwischen mag sie sie nicht mehr und verträgt sie genauso wenig wie Waltraud selbst. Sie nimmt den Kuchen in Kauf, weil sie es genießt, bei der Oma auf dem Sofa zu sitzen wie früher. Sie denkt: »Ich tu Waltraud den Gefallen mit der Torte, es ist ja nicht so oft, und wer weiß, wie lange noch.« Sie fühlt sich als verständnisvolle jüngere Verwandte, und Waltraud fühlt sich als fürsorgliche Großmutter.

So weit, so gut. Solche kleinen Mitmach-Rituale gibt es in allen Familien- und Freundeskreisen, sie vermitteln Sicherheit, verstärken Bindung und Gemeinschaftsgefühl. Allseitig geschätzte ASWIs gehören zu den liebevollsten Aspekten menschlicher Beziehungen. Wenn die ASWIs aber nicht mehr uneingeschränkt gutgeheißen oder sogar als Belastung empfunden werden, kann das Folgen haben.

In unserem Beispiel könnten Tanjas Besuche mit der Buttercremetorte eine unselige Liaison eingehen. Weil sich ihre Abneigung gegen den klebrig-süßen Pamps und auch das Gefühl der Unaufrichtigkeit über die Zeit hinweg nicht in Luft auflöst, sondern verstärkt. Weil vielleicht noch ein erhöhter Cholesterinspiegel hinzukommt oder eine Laktoseintoleranz. Was dazu führt, dass Tanja manchmal denkt: Puh, nicht diese Woche, ich möchte abends noch weggehen, ohne mich mit Verdauungsproblemen zu belasten. Ich besuche Waltraud lieber nächste Woche.

Hier gehen zwei Ereignisse, die in einem zeitlichen Zusammenhang stehen, eine Verbindung ein. Dahinter steckt ein Lernphänomen, das der russische Physiologe Pawlow einst auf geniale Weise an einem Hund demonstriert hat.[20] Jedes Mal, wenn er dem Hund Futter gab, betätigte er eine Glocke. Wie Pawlows Hund nach einigen Lerndurchgängen schon beim Glockengeläut mit Speichelfluss reagierte, noch bevor ein Krümel Futter in Sicht war, so verändert sich auch Tanjas Verhalten. Obwohl der Besuch der Oma an sich etwas Positives ist, wird er durch die Verknüpfung mit den unangenehmen Empfindungen rund um die Buttercremetorte für Tanja weniger positiv. Mit der Zeit schlägt ihr vielleicht der Besuch schon auf den Magen, bevor sie ein einziges Stück gegessen hat. Im Fachjargon nennt man das »klassische Konditionierung«[21]. Das ist eine hochwirksame Form des Lernens, die häufig unterschätzt wird. Vielleicht, weil sie durch einen Hund bekannt wurde.

Kurze Anmerkung für Leser/innen, die statt profanen Hundevergleichen und Reiz-Reaktions-Verbindungen tiefenpsychologische Interpretationen vorziehen: Man könnte hier auch von einem »Autonomiekonflikt«[22] reden, in dem sich Tanja festgefahren hat und der vermutlich eine längere Vorgeschichte hat. Es läuft im Endeffekt auf das Gleiche heraus: wenn sie diesen schädlichen Prozess stoppen möchte, müsste sie sich ihrer wachsenden Abneigung stellen und mit der Oma gemeinsam neue Wege finden. Doch auf denen lauern, wie wir noch sehen werden, einige Stolperfallen ...

Waltraud geht es ähnlich wie Tanja: Sie verschiebt manchmal mit einer fadenscheinigen Begründung die Besuche ihrer Enkelin, weil sie ihre Mittagsruhe braucht und morgens nicht genug Zeit bleibt, um die Torte vorzubereiten. Und ohne die geht es natürlich nicht. Für sie gesellen sich zum erwünschten Ergebnis ihrer Bemühungen, die geliebte Enkelin wie eh und je den Kuchen lobend und zufrieden mampfend auf dem Sofa sitzen zu haben, negative Folgen: Wenn sie sich schon bei der Vorbereitung überfordert, ist sie hinterher völlig erschöpft und kann den Besuch nicht genießen. Weil sie sich von der alten Gewohnheit nicht lösen will oder kann, weicht sie aus. Sie sagt ihrerseits, heute passt es mir nicht so gut, in der Hoffnung, ihre schwindenden Kräfte für den nächsten Besuch nebst Torte bündeln zu können.

Auch hinter diesem Verhalten steckt ein bestens bekannter Lernprozess: Lernen am Effekt oder »operantes

Konditionieren«. Sowohl für Waltraud als auch für Tanja scheinen mit der Zeit immer mehr Vorteile in der *Verringerung* der Besuchshäufigkeit zu liegen. Das ist der Punkt, an dem das nette ASWI dysfunktional wird: Die Buttercremetorte beginnt, der wundervollen, über Jahrzehnte gewachsenen Beziehung zwischen Tanja und Waltraud zu schaden. Ist die olle Biskuitrolle das wirklich wert?

WeRoKo: Werte- und Rollenkonflikte

Wert ist ein gutes Stichwort. Es führt geradewegs zum nächsten Kandidaten unserer inneren Gegenspieler. Sozusagen zum Stammbaum des ASWI. Rituale entwickeln sich nämlich nicht im luftleeren Raum, sondern gruppieren sich um etwas Verbindendes, das allen wichtig ist. In der Familie kann das beispielsweise das Sonntagsfrühstück sein, das Muttertagsgedicht oder die Weihnachtsgans. Im Freundeskreis: vor der Shoppingtour mit der besten Freundin einen Piccolo trinken oder bei Siegen der Fußballnationalmannschaft mit den Kumpels Autokorso fahren.

Nehmen wir noch einmal Waltrauds Buttercremetorte: Fürsorglich und tüchtig sein sind in Tanjas Familie generationenübergreifend zentrale Werte. Werte altern nicht! Den Wert, eine fürsorgliche Großmutter und tüchtige Hauswirtschafterin zu sein, hält Waltraud auch mit 87 noch hoch. Werte geben unserem Leben Sinn. Das dysfunktional werdende Buttercremetorten-ASWI zeigt allerdings: Im Alter kommt die Sache mit den Werten ins

Stolpern, weil wir ihnen nicht mehr auf gewohnten Wegen nachstreben können.

Der Königsweg, um einen Wert mit Leben zu erfüllen, ist eine Rolle: Der Kämpfer. Die Mutter. Das Familienoberhaupt. Meist brauchen wir nur solche Stichworte, um damit sofort eine bestimmte Eigenschaft zu verbinden. Tapfer. Fürsorglich. Klug und gerecht. Das Praktische an Rollen ist, dass sie uns Handlungsanweisungen vorgeben, wie wir den damit verbundenen Werten nahekommen können. In der traditionellen Mutterrolle erzieht man die Kinder, versorgt die Familie regelmäßig mit Essen und hält die Kleidung in Ordnung. In der Rolle des Familienoberhaupts verdient man das Geld und misst den Familienmitgliedern ihren Teil zu. Als Kämpfer streitet man für das Gute – je nach soziokultureller Ausprägung mit Waffen, Worten oder Wohltaten.

Wenn im Alter diese Entfaltungsmöglichkeiten nach und nach schwinden, wenn die Kraft nachlässt und wir nicht mehr nebenbei noch eine Torte backen, einen Braten in den Ofen schieben oder den Rasen mähen können, wenn wir unsere Finanzen nicht mehr überblicken und keinen Elan mehr zum Kämpfen haben, bekommen wir Angst, unsere Rolle und damit den Königsweg zum Wert zu verlieren. Wir fühlen uns nutzlos, wertlos, und häufig sogar schuldig.

Dies betrifft im Übrigen nicht nur Ältere, sondern auch Menschen in jüngeren Jahren, die – aus welchen Gründen auch immer – nicht mehr arbeiten, nicht mehr für andere da sein oder nicht mehr kreativ sein können. Sie entwickeln mit der Zeit das Gefühl, anderen auf der Tasche zu liegen oder ihnen die Zeit zu stehlen. Sie fragen sich, welchen Sinn ihr Leben hat. Denn nur die Fähigkeit ist geschwunden, bestimmte Aufgaben wie zuvor auszuüben, nicht jedoch der Wert an sich und das tief verwurzelte Wissen um den Königsweg dorthin: die Rolle.

Besonders tückisch wird es, wenn Werte gekoppelt sind. Waltraud möchte fürsorglich *und* tüchtig sein. Fürsorge bedeutet, ihrer Enkelin beim Besuch etwas Leckeres anzubieten; Tüchtigsein bedeutet, die Torte selbst zu backen. Wenn bei der fürsorglichen und tüchtigen 87-Jährigen dann aber außer dem Backen noch eine weitere Erledigung ansteht oder sie sich einfach zu schlapp fühlt, schafft sie es nicht mehr, auf gewohnt untadelige Weise beides zu erfüllen.

Wir Jüngeren tun uns leicht, meinen dann, hoppla, wo ist das Problem? Tut es nicht eine Aufback-Torte oder, mit Blick auf Tanjas Gesundheit, eine Tüte Gemüsechips? Immer dieser Altersstarrsinn! Kann Waltraud sich nicht einfach auf *einen* Wert konzentrieren? Doch Vorsicht: Gekoppelte Werte sind auch in unserer Generation an der Tagesordnung. Wir wollen Leistungsstärke *und* Entspanntheit, versuchen eine Sechzigstundenwoche mit einem stets gepflegten Aussehen unter einen Hut zu bringen. Gut aussehen sollen neben dem eigenen Körper: Hund, Kind, Partner/in, Wohnung und Garten. Auch unsere Ressourcen reichen dafür oft nicht aus, aber wir arbeiten uns an so einer tückischen Kopplung ab bis zum Burnout. Die Aufbacktorte trägt bei uns einen anderen Namen, aber auf den Tisch kommt sie ebenfalls nicht.

LiK: Leiche im Keller

Der dritte und hartnäckigste Gegenspieler ist jemand, den es eigentlich gar nicht geben sollte, der eigentlich schon tot geglaubt war: die Leiche im Keller. Zugegeben, das klingt jetzt nicht hübsch, trifft es aber am besten. Vielleicht kürzen wir ab? Was halten Sie von »LiK«?

LiKs entstehen, wenn in der Vergangenheit das eigene Verhalten oder das einer nahestehenden Person einem eigentlich hochgeschätzten Wert ziemlich krass zuwidergelaufen ist. Bei heute allgemein geteilten Werten wie dem der liebevollen elterlichen Fürsorge ist eine potenzielle LiK meist recht leicht erkennbar. Eine Mutter, die ihr Kind fortgegeben hat. Ein Vater, der es körperlich misshandelt hat. Eltern, deren Kind Selbstmord begangen hat oder zumindest begehen wollte.

Oder nehmen wir den Wert, dass Familienangehörige und Freunde füreinander einstehen. Man muss dabei noch nicht einmal selbst aktiv geworden sein: Eine »Kollateral-LiK« kann durch Denunziation, unterlassene Hilfe oder dauerhaftes Wegschauen entstehen. In den diktatorischen Systemen des vergangenen Jahrhunderts kam dies, wie wir inzwischen wissen, recht häufig vor, schließlich beruhte ihr Funktionieren ganz wesentlich auf der Einschüchterung und Erpressung ihrer Bürger.

Nicht immer weiß die nachfolgende Generation davon, manchmal lernt sie diese LiK erst kennen, wenn die Eltern älter werden. Denn häufig tauchen sie im fortgeschrittenen Alter aus der Versenkung auf. Einer meiner Patienten mit leichtgradiger Demenz konnte sich beispielsweise noch mit weit über siebzig an seine Kommilitonen auf der Ingenieursschule in den Sechzigern erinnern – zumindest an die, mit denen er im Sechsbett-Zimmer im Studentenwohnheim hauste. Die Namen wusste er nicht mehr genau, aber wem welches Bett gehörte und wer die Stasi-Spitzel waren. Einschließlich seiner selbst.

Ein Spezialfall von LiKs sind körperliche Misshandlungen. In den sechziger und siebziger Jahren, in denen unsere Generation aufwuchs, waren sogenannte körperliche Züchtigungen zwar nicht mehr hoffähig, lebten aber in vielen Familien noch fort – parallel zur aufkommenden Diskussionskultur. Das elterliche Recht darauf wurde in Deutschland übrigens erst im Jahr 2000 aus dem Bürgerlichen Gesetzbuch gestrichen, deutlich später als in anderen europäischen Ländern.

Wenngleich Misshandlungen natürlich auch heute noch vorkommen, so hat sich doch inzwischen gesellschaftlich die Überzeugung durchgesetzt, dass jedes Kind ein Recht auf körperliche Unversehrtheit hat. Viele Erwachsene berichten heute, dass sie sich sehr genau an wiederholte und systematische körperliche Bestrafungen in ihrer Kindheit erinnern können. Sie seien sogar bereit, dafür Verständnis aufzubringen, vorausgesetzt man könne mit den Eltern offen darüber reden und deren damalige Beweggründe, deren mögliche eigene Gewalterfahrungen in der Kindheit oder auch einen späteren Sinneswandel nachvollziehen. Aber: Fehlanzeige. Fassungslos erleben sie, dass ihre Eltern sich, auch wenn sie nicht an einer Demenz leiden, keineswegs daran erinnern können und ihnen Übertreibung vorwerfen. Kann es sein, mögen Sie sich fragen, dass die Erinnerung tatsächlich gelöscht ist? Die Antwort: Nein, aber der Zugriff ist beschränkt. Die Leiche liegt in einem abgeschlossenen Schrank, an den Schlüssel kommt man nicht so leicht heran – falls es ihn noch gibt.

Leichen im Keller wiegen unterschiedlich schwer. Manchmal wird eine LiK ausgelöst durch ein Schlüsselereignis, bei dem man rasch reagieren musste, manchmal ist sie das Ergebnis eines jahrelangen Zustands, in dem man feststeckte. Immer aber haben sie Folgen, die als irreversibel wahrgenommen werden: Das Geld ist weg, das Vertrauen dahin, die Person, mit der man sich versöhnen wollte, lebt nicht mehr. Das Ereignis ist nicht ungeschehen zu machen, die Beteiligten müssen irgendwie einen Umgang damit finden. Dabei geht es buchstäblich ums und ans Eingemachte: unseren Selbstwert.

Um den Selbstwert zu erhalten und Bedrohungen abzuwehren, tun wir Menschen ziemlich viel. Christian Morgenstern beschreibt das unübertrefflich in dem Gedicht »Die unmögliche Tatsache«: Es geht um einen Mann, dessen irdisches Selbst irreversibel ausgelöscht wurde, weil er überfahren wurde – tragischerweise an einer Stelle, wo keine Fahrzeuge fahren durften. Posthum denkt er darüber nach. Und kommt zu dem Ergebnis:

»*Nur ein Traum war das Erlebnis.*
Weil«, *so schließt er messerscharf,*
»*nicht sein kann, was nicht sein darf.*«[23]

Ein eigenes Buch könnte geschrieben werden über die vielen Varianten, mit LiKs zurechtzukommen. Die Psychoanalyse hat eine ganze Batterie von Abwehrmechanismen identifiziert, wir Menschen sind da ungeheuer kreativ. Eine gängige Variante im familiären Hausgebrauch sind

Sprech- und Denkverbote. Über den Selbstmord des eigenen Bruders oder den verfrühten Auszug des revoltierenden Sprösslings, der es zu Hause nicht mehr ausgehalten hat, wird einfach nicht mehr gesprochen. In der Hoffnung, dass es sich irgendwann so anfühlt, als sei es gar nicht passiert.

Kontaktabbrüche sind eine weitere Variante im erweiterten Familien- und Freundeskreis: Menschen, die einem früher einmal nahestanden, werden nicht mehr erwähnt, ihr Foto wird aus der Vitrine genommen. Damit ist nicht gemeint, dass man sich auseinanderlebt; es gehört zur menschlichen Entwicklung, dass in verschiedenen Lebensphasen auch andere Freundschafts- oder Familienbeziehungen in den Vordergrund rücken. Aber wenn Knall auf Fall aus der wöchentlich besuchten Lieblingscousine eine unerwünschte Person wird, dann ist meistens eine LiK im Spiel. Eine Seite hat sie angetastet, und die andere Seite kann das nicht ertragen.

Es gibt auch Menschen, die bestimmte Lebensphasen aus ihrer Erinnerung zu streichen versuchen. Ähnlich wie man Festplattenspeicher in verschiedene Partitionen unterteilt, deren Inhalte sich nicht vermischen, können sie auf diese Weise erreichen, dass zumindest ein Teil der eigenen Person der Selbstwertbedrohung entkommt. Vielfach geschieht das bei Menschen, die im Krieg oder in Gefangenenlagern Dinge gesehen und auch selbst getan haben, die sie unter normalen Umständen nie tun würden. Das Partitionieren ist ein Kniff, der für Außenstehende meist komplett verblüffend ist, aus Sicht der Betroffenen aber das Schlimmste verhindert: die Achtung vor sich selbst zu verlieren.

Um es vorwegzunehmen: Man muss nicht jede Leiche

aus dem Keller ans Tageslicht zerren, und manchmal sind wir selbst auch nicht die richtige Person, das zu tun. Aber es kann sehr hilfreich sein, zumindest ungefähr zu wissen, wo sie liegen, denn sie können im Alter ziemlich quälend werden. Davon später mehr.

VW: Verzerrte Wahrnehmung

Das Wegwünschen vergangener Ereignisse im Falle von LiKs hat eine Entsprechung in der Gegenwart. Genauer gesagt: bei der wundervollen Eigenschaft unseres Gehirns, Informationen gefiltert zu verarbeiten. Auch hier kann der Wunsch Vater des Gedankens sein. Diese zutiefst menschliche Fähigkeit hat so viele Facetten, dass man geneigt ist, dieses geflügelte Wort aus Shakespeares »Heinrich IV.« zu erweitern: Der Wunsch ist Vater und Mutter zugleich! Nicht nur unser Denken und unsere Entscheidungen in der Jetztzeit sind von unseren Wünschen beeinflusst, sondern auch unsere Erinnerungen und Bewertungen vergangener Ereignisse, und unsere aus alldem resultierenden Gefühle. Wir wünschen uns, dass unsere Hochzeit der schönste Tag in unserem Leben ist – also ist er es in der Erinnerung auch. Wir schämen uns, unser Kind geschlagen zu haben – also können wir uns kaum daran erinnern.

Viele hervorragende Bücher sind in den letzten Jahren darüber geschrieben worden: beispielsweise Dan Schacters »The Seven Sins of Memory«[24] oder Daniel Kahnemans »Schnelles Denken, langsames Denken«[25]. Im deutschsprachigen Bereich gingen schon vor Jahren Ursula Lehrs »Psychologie des Alterns«[26] und Rüdiger Pohls »Autobiografisches Gedächtnis«[27] auf dieses Phänomen ein. Die Erkenntnisse aus all diesen Werken veranschaulichen uns, dass das Primat der *Rationalität,* das die Naturwissenschaften seit der Aufklärung dominiert, nicht der *Realität* entspricht. Das Rationalitätsprinzip spricht unserem Verstand die Fähigkeit zu, Umweltphänomene physikalisch genau einzuschätzen, Entscheidungen rein nach ökonomischen Gesichtspunkten zu treffen und Ereignisse korrekt im Sinne eines identischen Abbilds zu speichern und abzurufen. Inzwischen wissen wir aber, dass bereits unsere Wahrnehmung massiv beeinflusst wird, und zwar von unseren Erwartungen und Vorerfahrungen. Es ist ein bisschen so wie bei den sogenannten Kipp-Bildern: Auf einem berühmten Kipp-Bild sieht der Betrachter entweder zwei dunkle Gesichter oder eine helle Vase. Auf einem anderen kann man entweder eine alte oder eine junge Frau erkennen. Je nachdem, was man zuerst gesehen hat, wird sich das bei jeder weiteren Betrachtung automatisch wiederholen. Das Maximale, was man erreichen kann, ist, seine Wahrnehmung vor dem Hintergrund seines Wissens bewusst zu »kippen«, um das jeweils andere Bild zu sehen.

Ähnlich geht es mit unseren Erinnerungen, die das Vergangene keineswegs exakt festhalten wie ein innerer Fahrtenschreiber. Menschen streben danach, rückblickend möglichst wenig Widersprüchliches zu entdecken. Dabei hilft ihnen beispielsweise der *Rückschaufehler.* Wir erinnern uns, nachdem wir den Ausgang von Ereignissen erfahren haben, systematisch falsch an unsere früheren Vorhersagen. Wir passen sie praktischerweise an das tatsächliche Ergebnis an. Auf diese Weise haben wir es »schon immer gewusst« und »schon damals gesagt« oder »nicht anders erwartet«. Das gibt uns ein Gefühl der Sicherheit: Der Kapitän auf der Brücke hat die Lage im Griff.

Allerdings kann es auch recht besserwisserisch oder selbstgerecht wirken. Wir lächeln vielleicht darüber, wenn Oppositionspolitiker so reden. Nicht nur Politik, sondern auch die zunehmende Gebrechlichkeit unserer Eltern ist ein äußerst schwer vorhersagbarer Prozess. Und da kann der Rückschaufehler uns den unbefangenen Blick darauf verstellen, dass wir überrascht wurden. Dass wir uns getäuscht haben und unsere Haltung vielleicht an die Gegebenheiten anpassen sollten. Oder dass unsere Eltern nicht schon immer so waren, sondern jetzt aus ganz bestimmten Gründen so oder so handeln.

Oft geht der Rückschaufehler eine Verbindung ein mit der Angst, enttäuscht zu werden. Meine Nachbarin schimpft beispielsweise, wenn ich sie besuche, in schöner Regelmäßigkeit über ihren Neffen, der »schon immer ein ziemlicher Hallodri war« und sich, wenn's hochkäme, zu ihrem Geburtstag und zu Weihnachten mal melden würde. Da sie selbst keine eigenen Kinder hat, ging ich davon aus, sie würde sich häufiger Kontakt zu ihm wünschen, um diese Leerstelle zu füllen. Als ich sie einmal konkret darauf ansprach, wehrte sie energisch ab: Ach was, der hat drei Kinder, ein Haus gekauft und arbeitet Vollzeit, der hat doch keine Zeit für seine olle Tante. Hm, dachte ich, nach Hallodri klingt das jetzt nicht unbedingt. Diese Zeiten schienen ja vorbei zu sein, aber das Etikett passte noch irgendwie, also wurde es recycelt.

Wir passen unsere Erinnerungen auch an den Teil der Informationen an, den wir noch einigermaßen leicht abrufen können. Kahneman bezeichnet dies als *Verfügbarkeitsheuristik*.[28] Die Bedeutung, Häufigkeit und Relevanz eines Phänomens wird bemessen an der Leichtigkeit, jüngere und plastische Beispiele aus dem Gedächtnis abzurufen. Je einfacher es ist, sich an ein bestimmtes Ereignis zu erinnern, desto mehr Bedeutung misst man dieser Erinnerung bei.

Bei Menschen, die von Demenz betroffen sind, geht die Verfügbarkeitsheuristik einher mit dem *temporalen Gradienten*. Dieser besagt Folgendes: Der Zugriff auf das Gedächtnis funktioniert immer schlechter, je näher das Ereignis an der Jetztzeit liegt. Stellen Sie sich das Gedächtnis wie ein Regal vor, in das Erinnerungsbücher ihrem Erscheinungsdatum nach eingeräumt werden. Die Demenz fegt das Regal leer, beginnend mit den aktuellsten Büchern, also solchen aus der Jetztzeit. Während die letzte Urlaubsreise fast vergessen ist, werden Kindheitserlebnisse mit einem Mal wieder so lebendig erinnert, als hätten sie sich erst gestern zugetragen.

Die Erklärung dafür lautet: Das Einspeichern neuer Informationen ins Langzeitgedächtnis ist bei Demenz zunehmend stärker beeinträchtigt. Was schlechter eingespeichert ist, kann auch schwerer abgerufen werden. Viel besser funktioniert dies für Informationen, die vor langer Zeit solide in unserem Gedächtnisregal abgelegt und zudem durch wiederholtes Erzählen immer wieder hervorgekramt und damit trainiert wurden. Oft sind wir verblüfft darüber, denn natürlich verläuft die Vergessenskurve in jüngeren Jahren und bei unbeeinträchtigtem Gedächtnis genau andersherum. Was ich kürzlich gelesen, gegessen, gelernt habe, ist mir lebendiger in Erinnerung als lange Vergangenes.

Unserem Wohlbefinden überaus zuträglich sein kann auch die sogenannte *Peak-End-Heuristik*, ebenfalls erforscht von Kahneman und seinem Team. Im Positiven bedeutet sie, dass unsere Bewertung eines zurückliegenden Zeitraums dem Durchschnitt aus den allerbesten Erlebnissen (den Peaks) und dem Endergebnis entspricht. Also eine Kombination aus »only the good times« und »Ende gut, alles gut«. Die unspektakulären Phasen dazwischen gehen nicht in die Bewertung ein.

Vermutlich liegt es daran, dass die meisten von uns sagen, sie hätten eine glückliche Kindheit gehabt. In ihrer Erinnerung liefen sie quasi jeden Nachmittag draußen in der Natur herum, gingen im Sommer stets bei herrlichem Sonnenschein baden und fuhren im Winter bei klirrender Kälte und meterhohem Schnee Schlitten.

Natürlich gibt es einige Menschen, die sich selbst eine unglückliche Kindheit attestieren, vor allem, wenn es wiederholte körperliche oder psychische Misshandlungen gab und ihre Zukunftsträume sich am Ende der Kindheit nicht erfüllten. Ein schlechter Schnitt also und kein gutes Ende. Dann greift die Peak-End-Heuristik andersherum, mit negativem Vorzeichen, mit dem Ergebnis, dass die (wenigen) positiven Eindrücke in Vergessenheit geraten.

Wen VWs trotz der Abgasaffäre – übrigens ein perfektes Beispiel für verzerrte Wahrnehmung im Bereich des Konzernmanagements – noch interessieren, der kann ja mal einen Faktencheck vornehmen. Die Aussage: »Früher war das Wetter besser« ist dafür ein gutes Beispiel. Gerade was das Wetter anbetrifft, gibt es sehr verlässliche Aufzeichnungen, die zeigen, dass die Sommer früher keineswegs schöner waren und dass es in den Siebzigern und Achtzigern sehr laue Winter gab, in denen unterhalb von

1000 Höhenmetern Schlittenfahren höchst selten möglich war. Kein Grund, unsere schönen Kindheitserinnerungen über Bord zu werfen – genießen wir sie! Aber gestehen wir dies auch anderen zu: Wenn die Peak-End-Heuristik uns schon jetzt in mittleren Jahren die rosa Brille aufsetzt, sollte uns dies nachsichtig machen im Umgang mit unseren Altvorderen. Wenn sie wieder einmal seufzen: »Früher war alles besser« und frühere Lebensumstände zu konservieren versuchen. Den alten Schlitten aufbewahrt haben, mit dem *die ganze Familie* früher *immer* im Winter rodeln ging.

Die Peak-End-Heuristik ist vermutlich auch eine der Quellen für das sogenannte *Zufriedenheitsparadoxon*[29]. Es meint, dass ältere Menschen – vorausgesetzt, sie sind nicht depressiv – zufriedener sind, als man aufgrund der sich häufenden Verluste im Alter erwarten könnte. Erklärt wird dies mit »sozioemotionaler Selektivität«: Im Unterschied zu Jüngeren, die eher nach spannenden Erlebnissen und neuen Bekanntschaften streben, umgeben sich Ältere tendenziell lieber mit Menschen, die sie kennen und zu denen sie einen Bezug haben. Sie ziehen entspannte Situationen spannenden Situationen vor und erinnern sich gern an angenehme Dinge. Was hatten wir für tolle Urlaube! Was war das schön, als die Kinder süß und klein waren! Aus dieser Selektivität erwächst trotz aller Verluste die zufriedene Einsicht: Eigentlich geht's uns ja ganz gut.

Ein weiteres Phänomen, das oft belächelt und karikiert wird, aber schon in mittleren Jahren einsetzt, ist die *verzögerte Selbstbild-Aktualisierung*. Wissenschaftlich belegt ist seit Langem, dass wir uns in der Jugend und im frühen

Erwachsenenalter älter fühlen, als wir sind, ab einem Alter von vierzig jedoch im Schnitt fünf Jahre jünger.[30] Vielleicht wird deshalb so viel in Online-Datingportalen beim Alter geschummelt – nach dem Motto: Ich gebe einfach an, wie alt ich mich *fühle* ... Überschreiten wir die 65, so vergrößert sich die Diskrepanz zwischen tatsächlichem und gefühltem Alter auf etwa zehn Jahre. Die Ansage unserer 85-jährigen Mutter, zum Seniorenclub gehe sie nicht hin, denn dort seien nur alte Leute, kann daher eigentlich nicht überraschen.

Manche Oldies vermeiden gar eine Begegnung mit ihrem Spiegelbild, weil sie sich darin kaum wiedererkennen. Diese vielen Falten, diese Augenringe, dieses schüttere Haar – das soll ich sein? Sie haben ein inneres Bild von sich, strahlender, jünger, energiegeladener, und das möchten sie ungern zerstören. Bei demenzkranken Menschen wird sogar geraten, die Spiegel abzuhängen, weil sie sich über ihr Abbild erschrecken. Da sie kurz zurückliegende Blicke in den Spiegel aufgrund des temporalen Gradienten schneller wieder vergessen haben, kommt ihnen das faltige Wesen, das ihnen aus dem Spiegel entgegenblickt, wenig bekannt vor. Das ist ja auch gut verständlich: Wir kennen uns selbst viel besser so, wie wir vor einigen Jahren aussahen, das haben wir uns schließlich jahrelang angeschaut. Wie wir heute aussehen und auch was wir heute noch zu tun in der Lage sind, das lernen wir ja gerade erst kennen. Und vergessen es dann gleich wieder, zumindest im Falle einer Gedächtnisstörung. Bei denjenigen, die nicht an Demenz leiden, greifen wieder andere Mechanismen, die ihnen dabei helfen, Realität und Selbstbild nicht in Einklang bringen zu müssen, siehe oben.

Jetzt nicht den Mut verlieren!

Zugegeben: das waren jetzt eine ganze Menge Punkte, die unsere Generation im Allgemeinen und uns im Speziellen in Distanz zu unseren Eltern bringen. Aber es gibt auch andere Faktoren, die wirklich Mut machen können! Ein paar richtig coole Entwicklungen der letzten Jahrzehnte kamen ja schon bei der Thomas-Geschichte zur Sprache. Die hervorragenden technischen Möglichkeiten zur Verbreitung von Wissen, zur Unterstützung von Kommunikation und Mobilität beispielsweise. Wir nehmen das so selbstverständlich, und wir kritisieren oft - und häufig auch zu Recht - die Nachteile. Aber denken wir mal eine Generation zurück, dann fällt sofort auf, wie einfach heute vieles geworden ist. »Wir sehen uns nur einmal im Jahr?« - Kein Problem, heute gibt es Billigflieger, Smartphones, E-Mail und Skype. »Wir müssen Schluss machen mit Telefonieren, das wird zu teuer!« - Passé, heute haben die meisten eine Telefon-Flatrate. Unsere Arbeitszeiten sind heute in der Regel ebenfalls flexibler als früher. Auch unsere persönlichen »Human Factors« haben sich entwickelt. Wir können heute sehr viel besser über uns selbst und unsere Gefühle reden als frühere Generationen.

Kein Anlass zu Hochmütigkeit, denn wir verdanken es ebendiesen. Sie waren es, die im letzten Drittel des vergangenen Jahrhunderts die über Generationen weitergegebene autoritäre Erziehung mit allen ihren Ausprägungen als verhängnisvoll entlarvt und zu sprengen versucht haben. Die Generationenkette von körperlicher Züchtigung/Unterwerfung auf der Vaterseite und Aufopferung/

Gewissensbissen auf der Mutterseite wurde in vielen Familien unterbrochen oder zumindest gelockert. Wir kommunizieren mit unseren Eltern viel mehr auf Augenhöhe als sie damals mit ihren eigenen Eltern. Manche von uns sprechen ihre Eltern seit ihrer Kindheit oder Pubertät mit Vornamen an, um diese intergenerationelle Gleichberechtigung auszudrücken. Das ist natürlich Geschmackssache. Eins aber hat sich wirklich verändert: Die Generation unserer Eltern *diktiert* nicht mehr in gleichem Maße wie die Vorkriegsgenerationen, sondern ist eher fähig zu *diskutieren*, untereinander und mit uns.

Doch wie wir gesehen haben: auch bei besten Voraussetzungen stecken wir häufig in konkreten Alltagsproblemen und Auseinandersetzungen fest. Daher ist es nach dieser allgemeinen Betrachtung der äußeren und inneren Gegenspieler nun an der Zeit, mal konkret zu werden. Wie können wir in diesem Schlamassel vorgehen? Wie auf Hindernisse reagieren, wie uns darauf vorbereiten, ohne dass sie scheinbar aus dem Nichts auftauchen wie der Eisberg vor der Titanic? Und vor allem, wie gehen wir mit dem um, was da so unter der Oberfläche noch lauert?

Eigentlich ist es genauso wie bei einer anspruchsvollen Wandertour. Wir informieren uns vorab in Wanderführern, nehmen eine Karte mit anständigem Maßstab zur Hand und checken die Anforderungen des Terrains: Gibt es auf der Strecke steile An- und Abstiege oder Geröllfelder? Müssen wir Wasserläufe durchwaten? Gibt es unterwegs genug Trinkwasser oder eine Einkehrmöglichkeit? Dann informieren wir uns über das Wetter: Sind Nebelwände oder Regengüsse angesagt? Plötzliche Temperaturstürze zu erwarten?

Schwierige Touren unternehmen wir nicht allein, sondern mit anderen. Bevor es wirklich losgeht, gehen wir vorher noch mal durch, wie viele Power-Riegel und Trinkflaschen wir dabeihaben, wer von uns die Sonnencreme, die Kniebandage, Pflaster und Teleskopstöcke dabeihat und wie wir den Proviant am besten auf die Rucksäcke verteilen. Und schließlich halten wir die Zeit im Blick. Wir gehen rechtzeitig los und planen Pausen ein – zum Ausruhen, Plaudern, Genießen der Aussicht, Fotografieren, Essen und Trinken. Denn wie heißt es so schön: Der Weg ist das Ziel.

Übersetzt auf unser Problem lässt sich all das in drei Schritten zusammenfassen:

Erster Schritt: Gut informiert sein

Zweiter Schritt: Gegenspieler kennen

Dritter Schritt: Ressourcen klarmachen, Bindungen stärken

KAPITEL 3
ERSTER SCHRITT: GUT INFORMIERT SEIN

Der erste Schritt ist eigentlich recht einfach. Sozusagen die Reisevorbereitung auf der Couch. Ob Internet, Printmedien oder Ratgeber, Informationsquellen gibt es viele – wir müssen uns nur einfach entscheiden, sie zu nutzen. Da Sie sich ja schon für dieses Buch entschieden haben, sind einige praktische Informationen, Adressen und Weblinks am Ende dieses Buchs zusammengestellt. Beginnen sollte man aber nicht bei den Details der Packliste, sondern bei der Überlegung: wo geht die Reise hin? Es ist wichtig, den Prozess vom Ende her zu denken, und es hilft, neugierig nachzuforschen und sich mit den Wahrscheinlichkeiten vertraut zu machen. Dann verliert das Lebensende seinen katastrophalen Nimbus und wird vom Gespenst zum Reiseziel. Oder für Religiöse: zum Etappenziel. Deshalb beginnen wir mit dem Ende. Wenn Sie über Sterbeursachen und Alterskrankheiten schon bestens informiert sind, blättern Sie am besten gleich zum nächsten Kapitel weiter.

Mal ganz allgemein gefragt: Woran versterben ältere Menschen eigentlich? Jedes Jahr sterben nach aktuellen Angaben des Statistischen Bundesamts in Deutschland rund 900 000 Menschen.[31] Auf Platz 1 der häufigsten Todesursachen hierzulande stehen Herz-Kreislauf-Erkrankungen (37,9 Prozent), hierunter fallen Schlaganfälle und Herzinfarkte. Sie treffen vor allem Ältere, 92 Prozent sind 65 Jahre und älter. Auf Platz 2 rangieren Krebserkrankungen, an denen ein Viertel stirbt. Hier ist die Altersverteilung etwas gemischter, was vor allem daran liegt, dass Brustkrebs bei Frauen und Prostatakrebs bei Männern schon in der Altersgruppe der 55- bis 64-Jährigen oder früher auftritt. Platz 3 mit 17 Prozent der Verstorbenen belegt die eher harmlos klingende Klasse der »psychischen und Verhaltensstörungen«. Dahinter verbirgt sich, so das Statistische Bundesamt, zu 80 Prozent die Diagnose Demenz.

Wenn wir die Wahl hätten ...

Zu Neujahr 2015 räsonierte Richard Smith, ehemaliger Chefredakteur des renommierten *British Medical Journal*, im Blog der Zeitschrift darüber, welche die beste Art zu sterben wäre, wenn man es sich denn aussuchen könnte.[32] Neben den genannten statistischen Top 3 – Organversagen, Krebs und Demenz – nennt er, den Suizid beiseitelassend, eine vierte Art zu sterben: den »plötzlichen Tod«. Hierzulande ist er auch bekannt unter dem Titel: »Wie ein Baum, den man fällt«. Das Bild eines alten Baums, der standhaft und unbeweglich an seinem Platz stehen bleibt, bis die Axt – oder auch der Blitz aus heiterem Himmel – ihn umhaut.

Die meisten Menschen, so Smith, wünschten sich einen plötzlichen Tod. Er selbst sei als langjähriger Hausarzt allerdings zu dem Ergebnis gekommen, dass der plötzliche Tod nicht nur für die Angehörigen eine Zumutung sei, sondern auch den Betreffenden im Vorfeld ziemlich viel abverlange. Wenn man anständig und rücksichtsvoll aus dem Leben gehen wolle, müssten Familien- und Freundschaftsbeziehungen *stets* optimal gepflegt werden, *alle* Leichen aus dem Keller vorsorglich entsorgt und Anweisungen für die Beerdigung sowie Erbverfügungen *garantiert* auffindbar platziert werden. Alles andere schaffe irreversiblen Verdruss für die Menschen, die wir am meisten lieben und im Falle des plötzlichen Abgangs mit dem Schlamassel zurücklassen würden. Eine Riesenaufgabe also, wenn man sich nicht der Feigheit und Lieblosigkeit bezichtigen lassen möchte – posthum und damit ebenfalls irreversibel. Und man mag zu Smiths rein diesseitsbezogenen Überlegungen hinzufügen: Wer weiß schon, was nach dem Tod kommt und ob uns so ein Verhalten im Jenseits nicht auch noch nachhängen würde?

Variante zwei, so Smith, der Tod durch Organversagen, sei qualvoll und liefere einen der Apparatemedizin aus, egal ob Nieren, Herz, Leber oder Nervensystem betroffen seien. Im dritten Fall, dem Tod durch Demenz, zöge sich der Weg bis zum Tode sehr lange hin, und wenn er dann komme, sei er zwar wie ein sanfter Kuss, aber man erlebe ihn nicht mehr wirklich mit. Bei genauerer Betrachtung würden sich in den möglichen Auswirkungen Ähnlichkeiten zum plötzlichen Tod ergeben. Weil man seine Angelegenheiten schon sehr früh regeln sollte, solange man dazu geistig noch selbst in der Lage sei. Andernfalls hinterlasse man auch hier für die Familie Chaos.

Variante vier, der Krebstod also, sei aus Smithscher Sicht relativ gesehen die beste Art zu sterben. Erstens lasse er uns genügend Zeit, um unsere Angelegenheiten in Ordnung zu bringen und Abschied zu nehmen. Zweitens sei ein Krebstod dank der Mittel der modernen Medizin in der Regel (und je nach Krebsart) nur einige wenige Wochen ganz am Ende unangenehm. Man müsse allerdings darauf achten, sich von überambitionierten Onkologen fernzuhalten, die einen bis zuletzt nicht in Ruhe lassen wollten, und sich die Zeit nehmen, die wirklich wichtigen Dinge zu tun. Mit viel Liebe, gutem Whisky und Morphium ließen sich die letzten Wochen recht gut aushalten.

Man mag das Resümee von Dr. Smith für larmoyantes Geschwätz eines akademisch-abgehobenen Whiskyliebhabers halten, geschrieben aus einer Laune heraus. Man mag es als wenig repräsentativ einordnen angesichts der ihn vermutlich erwartenden Premium-Palliativversorgung in einem westlichen Industrieland, die kaum als allgemeiner Maßstab taugt. Schließlich und drittens ist der fundamentalste Einwand gegen Smiths Räsonnement, dass es hypothetisch ist: Denn wir können zwar den in seinen Überlegungen nicht berücksichtigten Freitod wählen, nicht jedoch die Krankheit, die zu unserem Tod führen wird.

Das Sensationelle an Smiths Blog waren aber nicht seine Ausführungen selbst, sondern die ungeheure Resonanz, die er damit auslöste. Seitenweise empörte Blog-Beiträge. Ein Teil der Schreiber betonte die Vorteile der beiden anderen Todesursachen-Kandidaten und die Nachteile des Krebstods. Smith sah sich genötigt, schriftlich richtigzustellen, dass er nicht generell gegen Krebsforschung sei.

Der größte Teil der Antworten jedoch wehrte sich gegen das Thema an sich, ja verbat sich eine solche Herangehensweise. In dieser Art dürfe man nicht über den Tod nachdenken. Es sei schon schlimm genug, dass der Mensch sterben und den Tod anderer miterleben müsse. Darüber auch noch abwägend zu reflektieren war den üblicherweise gemäßigten, wissenschaftlich interessierten Lesern des ehrwürdigen *British Medical Journal* offenbar zu viel. Die Empörung, die in ihren Reaktionen mitschwang, war so groß, als hätte Smith seinen Lesern den Tod persönlich an den Hals gewünscht. Welche Verdrehung der Perspektive! Dabei haben wir den Tod doch sowieso alle am Hals.

Die Aufregung über Smiths Artikel resultierte vermutlich nicht nur aus einer Abneigung dagegen, dem Endpunkt der Lebensreise als einem Faktum zu begegnen: Auch über die Wege dorthin soll besser nicht diskutiert werden. Nicht nur der Tod als Zielort, sondern schon die verschiedenen Wege dorthin sollen in Nebel gehüllt bleiben. Ein Nebel, in dem sich dann unsere Gespenster tummeln. Schalten wir doch mal den Scheinwerfer an.

Plötzlicher Abschied: Organversagen

Die Medizin hat in den letzten Jahren immense Fortschritte darin gemacht, die Funktion lebenswichtiger Organe zu erhalten oder diese zu ersetzen. Das Versagen von Organen mit Entgiftungs- und Stoffwechselfunktion (z.B. Darm, Nieren, Leber oder Bauspeicheldrüse) erfolgt im Regelfall erst nach langjähriger Vorgeschichte. Von seltenen Ausnahmen abgesehen - etwa als Folge einer Vergiftung oder schweren Infektion - leiden Menschen zuvor jahrelang unter einer zunehmenden Insuffizienz der entsprechenden Organe. Selten aber sterben sie daran. Sind einzelne Organe betroffen, kann deren Funktion mit modernen medizinischen Maßnahmen zunächst aufrechterhalten werden, beispielweise durch einen künstlichen Darmausgang oder, im Fall der Nieren, durch Dialyse, um sie perspektivisch durch Transplantationen und Teilplastiken zu ersetzen. Stellt also lediglich eines dieser Entgiftungs- und Stoffwechselorgane den Dienst ein, geht es in der Regel nicht um den raschen Abschied. Auch nicht am Ende des Lebens, zumindest nicht bei denjenigen, die an »Altersschwäche« sterben und dem Einsatz lebenserhaltender Maßnahmen in Abwesenheit von Heilungschancen, mithin Dr. Smiths »Auslieferung an die Apparatemedizin« schriftlich widersprochen haben. Selbst bei ihnen ist der Ausfall dieser Organfunktionen nichts Plötzliches, sondern Teil eines schrittweisen Sterbeprozesses. Der Zeitraum bis zum Eintreten eines lebensbedrohlichen Stoffwechselzustands durch die Ansammlung von Giften, die nicht mehr abgebaut werden können, kann - wie oben beschrieben - Stunden bis Tage dauern.

Anders ist es bei Organen, die mit der Sauerstoffversorgung des Körpers zu tun haben. Hier liegt der Zeitraum bis zum Eintreten irreversibler Schäden im Minutenbereich. Daher verläuft Organversagen bei Herz- und Kreislauferkrankungen in der Hälfte der Fälle tödlich, nicht umsonst führt diese Gruppe die Liste der Todesursachen an. Die anfälligsten Sauerstoff-Endverbraucher sind Herz und Hirn. Ähnlich wie in der Logistikbranche muss das Gefäßsystem als Transportunternehmen dafür sorgen, dass stets rote Blutkörperchen mit Sauerstoff bei diesen beiden Premiumkunden ankommen, weil sie die ganze Wirtschaft in Gang halten.

Das Herz hat eine Doppelrolle: Als kräftiger Muskel pumpt es das Blut durch die Adern, um die Versorgung des Körpers mit Nährstoffen und Sauerstoff sicherzustellen. Andererseits ist es selbst von der Sauerstoffversorgung durch die beiden Herzkranzgefäße abhängig. Wenn deren Durchblutung wegen einer Verengung oder festsitzender Blutgerinnsel gestört ist, sterben Herzmuskelzellen ab. Je nach Dauer und Ausmaß stellt der Muskel seine Arbeit schließlich komplett ein.

Dazu kommt es allerdings heutzutage immer seltener. 2015 erlitten 280 000 Deutsche einen Herzinfarkt, daran verstarben laut Statistischem Bundesamt 50 000; das ist verglichen mit dem Jahr 1990 ein Rückgang von rund 40 Prozent.[33] Meist gibt es kleinere Vorboten, infolge derer Herzkatheter-Untersuchungen durchgeführt werden. Verengungen der Herzkranzgefäße können mit einem sogenannten Stent wieder erweitert werden. Falls das Gefäß schon zu sehr verstopft ist, wird das betroffene Teilstück stillgelegt und durch einen Bypass mit einem Stück Ader überbrückt, das aus dem Oberschenkel entnommen wird. Bei Herzrhythmusstörungen, der anderen Hauptursache von Infarkten, können Schrittmacher und Defibrillatoren implantiert werden. Auch gibt es die Möglichkeit, die arrhythmisch auslösenden Leitungsbahnen zu veröden; eine solche Maßnahme wird vor allem bei Vorhofflimmern angewandt.

Sie sehen, es gibt – neben der Litanei an Medikamenten, die im Falle einer Herzerkrankung verschrieben werden – eine Fülle von Behandlungsoptionen, die seit neuerer Zeit zur Verfügung stehen. Sie sind mit gewissen Risiken verbunden, und für ihren Einsatz müssen verschiedene Voraussetzungen erfüllt sein. Insofern ist die Lage für Betroffene und Angehörige schon langsam ähnlich komplex wie beim Krebs. Man steht vor Wahl, entweder dem aktuellen ärztlichen Berater zu vertrauen, eine zweite Meinung einzuholen oder sich selbst zu informieren. Vorausgesetzt, man hat die Kapazität dafür!

Der Schlaganfall ist der fiese Bruder des Herzinfarkts: Ähnlich in der Entstehung, betrifft er unser geistiges Steuerzentrum. Wie bereits erwähnt benötigt auch unser Gehirn ständig frischen Sauerstoff für den Glukosestoffwechsel. Ist dies nicht gewährleistet, sterben die durch die Hirnarterien versorgten Nervenzellen - ähnlich wie die Muskelzellen des Herzens - ab. Die gute Nachricht: Auch in diesem Bereich entwickeln sich die operativen Techniken kontinuierlich weiter, beispielsweise um verengte Halsschlagadern, die in etwa der Hälfte der Schlaganfälle für Lieferengpässe verantwortlich sind, wieder freizubekommen. Allerdings ist der Weg des Sauerstoffs von der Lunge bis zum Hirn komplizierter als der bis zum Herzen, und es kann einiges dabei schiefgehen: Verstopfung von schwer zugänglichen Transportwegen im Kopf selbst, Ausfall von Sauerstoff-Transportern bei starkem plötzlichen Blutverlust. Platzende Blutgefäße oder Blutgerinnsel, die aus den Herzkranzgefäßen oder aus dem Körper durch Löcher in der Herzscheidewand mit nach oben in die Hirnarterien geschwemmt werden. Das Gehirn liegt bekanntermaßen rundum gut geschützt im Schädel, was allerdings dazu führt, dass es bei Operationen schwerer zugänglich ist als das Herz.

Beim Schlaganfall kommt es nach vier bis fünf Minuten durch das Absterben von Nervenzellen im Gehirn zu einer dauerhaften Schädigung. Nach neun bis zehn Minuten durchgehend unterbrochener Sauerstoffversorgung tritt der Tod ein. Da es aber selten zu einem kompletten »Lieferstopp« kommt und sich die medizinische Notfall- und Akutversorgung immer weiter verbessert, verlaufen Schlaganfälle heutzutage meistens *nicht* tödlich. Aktuell sind in Deutschland 270 000 Schlaganfälle zu verzeichnen, darunter 200 000 sogenannte Erstinfarkte.[34] Etwa 80 Prozent überleben die ersten vier Wochen nach dem Schlaganfall, etwa zwei Drittel das erste Jahr. Von diesen Überlebenden ist allerdings rund die Hälfte dauerhaft beeinträchtigt und auf Unterstützung anderer angewiesen.

Was den Betroffenen im Einzelnen fehlt, hängt davon ab, welche Areale im Gehirn durch den Sauerstoffmangel geschädigt wurden. Einige Überlebende haben Bewegungs- oder Sensibilitätsstörungen. Andere können sich zwar problemlos bewegen, aber wegen Sprachstörungen schlecht verständigen. Bei wieder anderen ist rein äußerlich nichts verändert, aber sie leiden unter Sehstörungen, »kognitiven« Defiziten wie Aufmerksamkeits- oder Gedächtnisstörungen oder Schwierigkeiten bei der Planung oder Ausführung alltäglicher Verrichtungen. Die meisten Betroffenen eines schweren Schlaganfalls haben Kombinationen mehrerer Ausfälle. Fast eine Million Bundesbürger leidet an den Folgen von Schlaganfällen. Ein Drittel davon entwickelt in den ersten zwei Jahren nach dem Ereignis zusätzlich eine Depression.

Die beiden klassischen Hauptursachen für den plötzlichen Tod, der totale Ausfall von Herz oder Hirn, werden also immer seltener. Sie führen eher zu chronischen Reststörungen, die den Alltag beeinträchtigen. Und was viele nicht wissen: Schlaganfälle neigen dazu, sich zu wiederholen. Hatte man einen, dann erhöht sich das Risiko, mindestens einen weiteren zu erleiden, auf rund 10 Prozent im ersten Jahr, auf 25 Prozent in den ersten fünf Jahren und auf 40 Prozent binnen zehn Jahren.[35] Es gibt zwar auch hier medizinische Fortschritte im Bereich Vorbeugung, doch je älter die Betroffenen sind, desto mehr Risikofaktoren für Wiederholungen sammeln sich an. Selbst wenn wir also erleichtert sind, dass unsere Eltern einen Schlaganfall einigermaßen weggesteckt haben und blutverdünnende Medikamente zur Vorbeugung erhalten: sie leben mit einem erhöhten Risiko, und der Wunsch, dass alles wieder so sein möge wie immer, bleibt oft ein Wunsch.

Abschied mit Ansage: Krebs

Auf Platz 2 in der Sterbestatistik stehen die Krebserkrankungen. Die unkontrollierte Wucherung von Zellen kann jedes Organ betreffen. Was die Häufigkeit angeht, rangieren Lunge, Brust, Bauchspeicheldrüse, Darm und Prostata ganz vorne – vor allem aus Drüsengewebe entwickeln sich bösartige, schnell wachsende Tumore, aus denen sich einzelne Tumorzellen ablösen, um über die Blutbahn, die Lymphbahn oder durch angrenzende Hohlräume in andere Gewebe einzuwandern und Metastasen zu bilden.

Krebs kann jeden treffen: Kinder, Mittelalte und Ältere. Bei Männern ist Lungenkrebs am häufigsten, gefolgt von Prostatakrebs; bei Frauen ist es der Brustkrebs. Da es bereits seit fast hundert Jahren zentrale Krebsregister gibt, in die epidemiologische Daten und Behandlungsverläufe eingespeist werden, wissen wir über die Verbreitung dieser Erkrankungsgruppe ziemlich viel.[36] Tragische und beeindruckende Berichte von jungen oder mittelalten Betroffenen überdecken manchmal die Tatsache, dass Krebs eine typische Alterserkrankung ist: Wer über sechzig ist, hat ein zehn Mal höheres Risiko, an Krebs zu erkranken als in jüngeren Jahren.[37] Der Grund für die hohe Krebsrate bei älteren Menschen wird darin gesehen, dass die Reparaturfähigkeit bei Kopierfehlern der Zellteilung mit dem Alter abnimmt. Summieren sich genetisch fehlerhafte Zellen, so steigt das Risiko, dass unter diesen einige zu Krebszellen mutiert sind und anfangen zu wuchern.

Es ist allerdings ein Mythos, dass Krebszellen im Alter generell langsamer wachsen – viel entscheidender ist die Form des Krebses, außerdem gibt es auch im Alter sehr aggressive Tumore. Was man ihnen im Einzelnen medizinisch entgegenzusetzen hat, darüber kann nur der behandelnde Arzt Auskunft geben. Die folgenden Informationen sind daher nur zur allgemeinen Orientierung.

Vier verschiedene Behandlungsmethoden gibt es bei Krebs: Operation, Immuntherapie, Bestrahlung und Chemotherapie. Auf allen Gebieten wurden in den letzten Jahren große Fortschritte erzielt. Die Immuntherapie ist die jüngste Behandlungsoption, hierbei werden Patienten geimpft, um das körpereigene Abwehrsystem zur Bekämpfung von Krebszellen anzuregen. Operationen sind, wenn die Tumoren leicht erreichbar und gut vom umgebenden Gewebe abgegrenzt sind, eine erfolgversprechende Methode. Im Körperinneren werden sie immer häufiger minimalinvasiv durchgeführt, was das OP-Risiko bei Älteren senkt. Bestrahlungen werden mit neuen Technologien immer zielgerichteter, und einige Tumorarten wie Prostatakrebs können sogar allein mit Strahlentherapie geheilt werden. Für die Chemotherapie werden immer neue Medikamente entwickelt, Zytostatika genannt (griech. *kytos* = Zelle; *statikos* = zum Stehen bringend). Hierbei gibt es verschiedene Vorgehensweisen, mit unterschiedlicher Reihenfolge und Intensität der verschiedenen Behandlungsformen. Sie haben Vor- und Nachteile, die mit den Betroffenen und ihren Angehörigen besprochen und gegeneinander abgewogen werden müssen.

Altersunterschiede ergeben sich nicht nur beim Krebsrisiko, sondern auch bei der Behandlung: Auf Begleiterkrankungen wie Diabetes, Bluthochdruck oder Organinsuffizienzen muss Rücksicht genommen werden – bei Operationen ebenso wie bei der Chemotherapie. Wegen der altersbedingt nachlassenden Funktion von Leber und Niere werden die verabreichten Zytostatika weniger gut abgebaut als bei Jüngeren und daher in vielen Fällen schlechter vertragen. Auch die Zellerneuerung erfolgt im Alter langsamer. Die Medikamente treffen zwar häufiger Krebszellen als gesunde Zellen, aber betroffen sind auch alle anderen Zellen, die sich üblicherweise schnell teilen: Schleimhaut, Haarwurzeln, Knochenmark.

Dass Zytostatika Haarausfall und Störungen im Verdauungstrakt, Entzündungen im Mund, Übelkeit, Appetitlosigkeit und Durchfall verursachen, ist bekannt. Auch, dass es zu Veränderungen der Blutwerte, zu Blutgerinnungsstörungen und *vorübergehend* zu Erschöpfungszuständen, Konzentrations- und Gedächtnisstörungen kommt. Das Syndrom wird »Chemo-Brain« oder »Chemo-Fog« genannt und wurde in den letzten Jahren bei Langzeitüberlebenden von Krebstherapien untersucht. Ungeklärt ist allerdings, ob sich eine Chemotherapie *langfristig* auf kognitive Leistungen auswirkt. Die Studien hierzu fielen sehr unterschiedlich aus.[38]

Um es klarzustellen: Diese Ausführungen sollen nicht zur Favorisierung oder Diskreditierung einer bestimmten Behandlungsform dienen. Die Erfolge der zytostatischen Krebsbehandlung sind immens, und man wird im Dienste des Überlebens sicher Beeinträchtigungen in Kauf nehmen. Festzuhalten ist: Es bleibt in manchen Fällen, auch wenn die Krebszellen besiegt sind, ein bisschen übrig – die Betroffenen entwickeln Empfindlichkeiten, die sie vorher nicht hatten. Das ist nicht schlimm, aber wir sollten es auf dem Zettel haben. Wie auf der Website der Deutschen Krebsgesellschaft treffend formuliert: Krebs ist eine chronische Erkrankung. Da sollten sich auch Angehörige nichts vormachen.

Ist die Krebserkrankung so weit fortgeschritten oder breitet sich der Krebs so rasch aus, dass die genannten Therapien den Patienten weder heilen noch den drohenden Tod verzögern können, so wird bestenfalls eine palliativmedizinische Behandlung eingeleitet. Es tritt jene Situation ein, die Dr. Smith als die »relativ gesehen beste Variante« betrachtete: Man kann bei einigermaßen wachem Verstand bewusst Abschied nehmen und sein Leben ordnen. Allerdings muss man, um dies umsetzen zu können, entweder selbst noch über ausreichend Kräfte verfügen, oder man braucht die Unterstützung von Familie und Freunden. Und dafür sollte man vorsorgen.

Langsamer Abschied: Demenz

Unter den drei großen Plagen des Alters sind Demenzerkrankungen diejenigen, vor denen sich Altersanwärter und ihre Angehörigen am meisten fürchten. Sozusagen das größte Schreckgespenst, und damit Ursache des Lieber-nicht-Hinguckens. Vielleicht deshalb, weil eine Demenz neben den geistigen Ausfällen auch Veränderungen des Verhaltens und der Emotion mit sich bringt, die Angehörige als Veränderung der Persönlichkeit empfinden. Vielleicht auch, weil Menschen mit Demenzerkrankungen nach und nach die Fähigkeit verlieren, die Bewertungen und Gedanken anderer in ihr Verhalten einzubeziehen. Was wir bei Kleinkindern als unbefangen wahrnehmen, empfinden viele bei Demenzkranken als würdelos. Besonders dann, wenn im Wertesystem der Familie geistige Fähigkeiten in Form von Bildung, Wissen und kultivierter Selbstkontrolle von großer Bedeutung sind und zu einer höheren sozialen Stellung geführt haben.

Ein weiterer Grund dafür, dass wir Demenzerkrankungen fürchten, ist sicherlich auch, dass sie langsam und schleichend voranschreiten. Wenn etwas schleichend daherkommt, ist das immer unheimlich – und es impliziert eine Gefahr, die möglicherweise nicht oder zu spät bemerkt wird. Alles Gründe, um sich die Sache mal genau anzusehen.

Zunächst einige Fakten: In Deutschland sind zurzeit ca. 1,6 Millionen Menschen an Demenz erkrankt, die Zahl der Neuerkrankungen liegt bei 300 000 pro Jahr. Aufgrund des steigenden Anteils älterer Menschen in der Bevölkerung rechnet man hierzulande aktuell bis Mitte des Jahrhunderts mit drei Millionen Erkrankten. Bis vor Kurzem ging man davon aus, dass die Häufigkeit von Demenzerkrankungen mit dem Alter exponentiell wächst. Neuere Studien aus den USA und Großbritannien fanden allerdings Anzeichen für eine Trendwende: Die Neuerkrankungsraten bei denjenigen, die seit der Jahrtausendwende in das kritische Alter über sechzig eintraten, nehmen ab.[39] Natürlich prüften die Forscher gleich alle möglichen Erklärungen für dieses Phänomen. Der einzige Zusammenhang, der sich finden ließ, war der steigende Bildungsgrad. Liebe Leser, falls Ihnen dieses Buch etwas Neues bietet, dann betreiben Sie gerade Demenzprophylaxe!

Die Abnahme der Demenzraten galt vor allem für Männer – die Gründe sind noch ungeklärt, denn der Bildungszuwachs war geschlechterunabhängig. Was viele nicht wissen: Zwei Drittel der Demenzkranken sind Frauen. Die höhere Lebenserwartung von Frauen ist der Hauptgrund, aber auch bei statistischer Kontrolle des Lebensalters bleibt das Demenzrisiko für Frauen im Vergleich zu Männern leicht erhöht. Die Gründe hierfür sind unklar.

Eine Menge offener Fragen werden in großen Langzeitstudien untersucht – hierzulande wird dafür seit einigen Jahren die große »Rheinlandstudie« des Deutschen Zentrums für Neurodegenerative Erkrankungen durchgeführt. Auch die »Nationale Kohorte«, die das Gesundheitsverhalten und die Gesundheit von 100 000 zufällig ausgewählten Menschen in ganz Deutschland untersucht, wird sicher viele neue Erkenntnisse bringen. Allerdings erst in einiger Zeit. So hat es auch Jahrzehnte gedauert, bis sich in Medizin und Pflege das Wissen durchgesetzt hat, dass Demenzkranke zwar nach und nach die Fähigkeit verlieren, das gesprochene Wort zu verstehen, emotionale Signale aber wahrnehmen und aussenden.[40] Nicht-verbale Kommunikation über Musik, Gestik, Mimik, Stimme und Berührung bleibt relativ gesehen länger erhalten als verbale. Unsere Angst, unser Ärger, unsere Trauer um den Menschen, den wir kannten und im Begriff sind zu verlieren: all dies kommt bei den Betroffenen an.

Der Begriff »Krankheit« ist im Falle von Demenz genau genommen nicht korrekt, da es sich um verschiedene Syndrome mit unterschiedlichen, teilweise noch gar nicht geklärten Krankheitsursachen handelt. Ein Syndrom ist eine Gruppe von Symptomen, die typischerweise zusammen auftreten, quasi eine lockere Reisegruppe ohne klare Herkunft. In zwei Dritteln aller Fälle handelt es sich um eine »Demenz vom Alzheimer-Typus«, weshalb die beiden Begriffe oft synonym verwendet werden. In 15 Prozent aller Fälle wird eine sogenannte vaskuläre Demenz diagnostiziert, im Volksmund »Arterienverkalkung« genannt. Tatsächlich handelt es sich hierbei um Mini-Schlaganfälle, die durch Sauerstoffmangel in den äußersten Ästen der Hirnarterien entstehen. Die daraus entstehenden »Narben«, also kleine Gebiete abgestorbener Nervenzellen, sind auch bei älteren Menschen ohne Demenz häufig zu finden und im CT oder MRT sichtbar. Wenn sie sich häufen und die Übertragung von Informationen im Gehirn an entscheidenden Stellen unterbrechen, führt dies zu kognitiven Ausfällen und emotionalen Veränderungen.

Lässt man die Mischformen mal beiseite und bleibt nur bei den neurodegenerativen Demenzen, verteilen sich die übrigen 15 Prozent auf die Familie der Parkinsonsyndrome und sogenannte Frontotemporale Demenzen, bei denen speziell der Stirn- oder Schläfenlappen des Gehirns schrumpft. Klar, so etwas möchte man nicht haben. Aber um das mal einzuordnen: diese Partien schrumpfen auch bei normalem Altern stärker als andere.

Die Grenzen zur Demenz sind vor allem zu Beginn sehr fließend. Laut internationaler Klassifikation von Krankheiten (ICD) wird der Schweregrad von Demenzen in drei Stadien unterteilt: leichtgradig, mittelgradig und schwer. Bei einer leichtgradigen Demenz ist vor allem das Neulernen betroffen. Neben der sprichwörtlichen Vergesslichkeit und dem Verlegen von Gegenständen treten auch Schlüsselsituationen auf wie plötzliches Verirren im eigenen Wohnort. Komplexe Aufgaben - beispielsweise Feiern im Familien- und Freundeskreis - werden zunehmend als Überforderung wahrgenommen, ebenso neuartige Aufgaben. Routinetätigkeiten sind jedoch meist noch gut durchführbar.

Neben den kognitiven Ausfällen sind für die Betroffenen und ihre Angehörigen die Affekt- und Antriebsstörungen besonders belastend. Hierzu zählen Motivationsprobleme, Reizbarkeit oder Distanzlosigkeit. Die Phase der leichtgradigen Demenz hat sich in den vergangenen Jahren verlängert, weil die Leute früher einen Arzt aufsuchen, die Frühdiagnostik sich verbessert hat und damit verbunden auch der Einsatz von Behandlungsmaßnahmen, die das Fortschreiten verlangsamen.

Bei mittelgradiger Demenz betreffen die Gedächtnisstörungen vermehrt Wissensinhalte. Lang zurückliegende Ereignisse aus der Kindheit werden eher erinnert als neuere - jenes bereits erwähnte Phänomen, das *temporaler Gradient* genannt wird. Die zeitliche und örtliche Orientierung ist deutlich beeinträchtigt. Eine selbstständige Lebensführung wird immer schwieriger. Auch Motivation und Emotion verändern sich: Manche Patienten entwickeln eine starke Unruhe, stellen wiederholt die gleichen Fragen, erkennen manchmal plötzlich ihre Betreuungspersonen nicht mehr oder verkennen deren Absichten. Häufig werden Angehörige eine oder zwei Generationen zurückversetzt: Der Sohn wird mit dem Namen des Bruders angesprochen, die Enkelin mit dem der Tochter. Diese Veränderungen werden von den Angehörigen als besonders belastend empfunden. Hinzu treten oft Störungen des Schlaf-Wach-Rhythmus oder Inkontinenz, die den Betreuungsaufwand erhöhen.

Bei schwerer Demenz ist das Gedächtnis nur noch ausschnittweise erhalten und auch dies nicht immer. Es gibt lichte und weniger lichte Momente, die Betroffenen sind örtlich, zeitlich und zur Person nicht mehr orientiert. Sie erkennen teils die engsten Angehörigen nicht mehr, die verbale Kommunikation ist zunehmend eingeschränkt. Gefühlsäußerungen können stark schwanken. Auch wenn die Gliedmaßen eigentlich noch gut beieinander sind, kann das Gehirn sie nicht mehr zielgerichtet steuern, die Betroffenen können sich nicht mehr eigenständig bewegen. Selbst das Schlucken fällt schwer, wodurch es zum Verschlucken und Eindringen von Speiseresten in die Atemwege mit nachfolgender Lungenentzündung kommen kann. Um das zu verhindern, wird dann häufig eine Magensonde gelegt.

Wie geht es zu Ende? Kaum jemand weiß, dass man an Demenz nicht stirbt. Genau genommen stirbt man an den Folgen der Bettlägerigkeit im Spätstadium: Lungenembolie, Infektionen und schließlich Organversagen, siehe oben. Der größte Unterschied zwischen Demenzen und den anderen beiden Plagen ist, dass sie sehr lange dauern und einem schleichenden Veränderungsprozess unterliegen. Fortschreitende Verschlechterungen gibt es auch bei tödlich verlaufendem Krebs, und starke geistige Ausfälle kann es nach einer Serie von Schlaganfällen ebenfalls geben. Natürlich können die drei großen Plagen auch zu zweit und zu dritt auftreten. Herz-Kreislauf-Erkrankungen zählen zu den wichtigsten Risikofaktoren der Demenz, daher kommen diese beiden häufig gemeinsam daher. Man kann also jahrelang an Demenz leiden und schließlich an einem Schlaganfall oder an Krebs sterben.

Die kleinen Plagen nebenher

Neben diesen großen gibt es natürlich noch die vielen kleinen Plagen. Spätestens ab 75 lässt sich bei den meisten Menschen eine Kombination von lästigen chronischen Krankheiten feststellen, im Fachjargon »Multimorbidität« genannt. Im Vergleich zu den erwähnten großen Plagen kann man die kleinen ziemlich lange mit sich herumschleppen, ohne dass es einem an den Kragen geht. Erwachsene Kinder sind darüber oft erleichtert. Nach dem Motto: »Sie kann nicht mehr gut sehen und geht nicht mehr gerne aus dem Haus, aber geistig ist sie topfit.« Das mag stimmen, aber andererseits sollten wir diese kleinen Plagen gut im Blick behalten, denn Körper und Geist hängen im Alter immens eng zusammen, im Guten wie im Schlechten! Wenn sie aus dem Ruder laufen oder nicht gut ausgeglichen werden, können sie auch zu einem rascheren geistigen Abbau führen.

Beginnen wir mit den Sinnesorganen: Einschränkungen beim Sehen und Hören können den Kontakt zur Außenwelt stark erschweren. Und sie sind keinesfalls abgekoppelt von geistigen Fähigkeiten. Schon 1996 zeigte die Berliner Altersstudie, dass Sinneswahrnehmungen stark mit »fluiden« geistigen Funktionen korrelieren, also damit, wie fix man im Kopf ist, den Bildungsgrad mal beiseitegelassen.[41] Eine unkorrigierte Sehschwäche, ein dauerhaft nicht funktionierendes oder nicht benutztes Hörgerät – dies alles erhöht das Demenzrisiko. Wer nicht mehr lesen kann, wer Audiomedien oder Unterhaltungen nicht mehr folgen kann, erhält weniger geistige Anregungen im täglichen Leben.

Riechen und Schmecken, die sogenannten chemischen Sinne, werden im Vergleich zum Hören und Sehen in ihrer Bedeutung häufig unterschätzt.[42] Doch auch die Riechzellen und die Geschmacksknospen sind altersbedingten Veränderungen unterworfen. Riechstörungen kommen bei etwa 3 bis 7 Prozent der Gesamtbevölkerung vor, meist verursacht durch Schadstoffe, Virusinfektionen oder Schädel-Hirn-Verletzungen. Im Alter steigt diese Zahl drastisch. 60 Prozent der 65- bis Achtzigjährigen und 75 Prozent der über Achtzigjährigen können nur noch eingeschränkt riechen! Riechen bedeutet Lebensqualität: die Unterscheidung von Weinsorten, von Gewürzen, überhaupt die Feinabstimmung bei der Zubereitung von Speisen ist nicht möglich ohne den Riechsinn. Was ist ein Alltag ohne Blumenduft, den Geruch frisch gewaschener Wäsche oder Kaffeearoma am Morgen?

Auch verdorbene Nahrung erkennt man meist über den Geruch. Wer aus Sparsamkeit Nahrungsmittelreste länger aufbewahrt oder sich nicht genau erinnern kann, seit wann sie aufbewahrt werden, kann den optimalen Zeitraum schon mal verpassen. Was folgt, muss nicht unbedingt eine Vergiftung sein, aber auch Magen-Darm-Probleme sind lästig. Und zum Thema Multimorbidität: Die Schädigung kleiner Blutgefäße bei Diabetes und Medikamente gegen Bluthochdruck, die sogenannten ACE-Hemmer, können ebenfalls Riech- und Schmeckstörungen verursachen.

Womit wir beim nächsten Bereich wären: Am Riechen hängt das Schmecken – wer weniger riecht, schmeckt auch weniger.[43] Essen und nahrungsmittelassoziierte Aktivitäten wie Kochen oder Restaurantbesuche werden insbesondere bei Alleinstehenden, die keine gemeinsamen Mahlzeiten mit Partner und Familie einnehmen, verringert. Dies wirkt sich auch auf die Strukturierung des Alltags aus, denn Essen ist ein wichtiger Tagesbestandteil.

Das Schmecken ist nicht ganz so häufig beeinträchtigt wie das Riechen und auch in unterschiedlichen Modalitäten unterschiedlich stark betroffen, wie die »Baltimore Longitudinal Study of Aging« herausstellte, in der das Riechen und Schmecken speziell untersucht wurde.[44] Die sogenannte Schmeckschwelle, ab der man etwas schmeckt, erhöht sich im Alter vor allem für »bitter« und »sauer« – daher ist speziell der Genuss von gesunden Nahrungsmitteln wie Obst, Gemüse und Kräutern betroffen. Die Geschmacksqualitäten »salzig« und vor allem »süß« sind besser erhalten. Dies erklärt, warum Pralinen, Puddings, Sahnetorten, überhaupt Speisen mit hohem Zucker- und Fettgehalt von älteren Menschen bevorzugt gegessen werden. Die Präferenz für Fetthaltiges ist nicht nur ein Überbleibsel aus armen Zeiten, sondern Fett ist ein exzellenter Geschmacksverstärker! Logischerweise tritt Übergewicht bei Patienten mit Schmeckstörungen häufiger auf als im Durchschnitt der betreffenden Altersgruppe.

Der fünfte Sinn, der Tastsinn, ist übrigens auch betroffen. Das Tasten beruht auf druckempfindlichen Rezeptoren in der Haut, auf der Feinmotorik, die wir zum »Abtasten« benötigen, und auf der Aktivierbarkeit von Arealen im Gehirn.[45] Leider gibt es zu altersbedingten Veränderungen keine umfassende Statistik, nur kleine Einzelfall- und Gruppenstudien. Sie zeigen, dass die »Tastschwelle«, also der Druck auf die Tastrezeptoren der Haut, der eine Tastwahrnehmung auszulösen vermag, sich im Alter erhöht. Auch der Abstand zwischen zwei Berührungen, der zur Wahrnehmung zweier getrennter Stimuli führt, vergrößert sich – dies klingt abstrakt, aber stellen Sie sich vor, Sie haken mit Fleecehandschuhen einen BH-Verschluss ein. Fragen Sie ruhig mal nach, wie lange bei Ü85ern das An- und Ausziehen dauert …

Ein Forscherteam der Uni Bochum hat zum Training des Tastsinns einen Handschuh entwickelt, der durch elektrische Stimulation an der Hand den Tastsinn verbessern soll.[46] Mal abgesehen von solchen technischen Möglichkeiten ist der Tastsinn der einzige »Kontaktsinn«: Wir müssen mit dem Objekt der Wahrnehmung in Berührung kommen. Bestenfalls mit etwas Lebendigem. Sich selbst streicheln ist kein vollständiger Ersatz, denn ähnlich wie beim Kitzeln weiß man ja schon, was kommt! Das bedeutet auch, dass Menschen, die ohne Körperkontakt, allein und ohne Haustiere leben, in dieser Hinsicht sensorisch unterversorgt sind.

Unter »Krankheiten des Bewegungsapparats« – was hier ein wenig technisch klingt – werden verschiedene Erkrankungen zusammengefasst, die Knochen, Muskeln und Gelenke betreffen. Dazu gehören Hüftschäden, Oberschenkelhalsbrüche, Arthrose und Osteoporose. Die Studie zur Gesundheit Erwachsener in Deutschland (DEGS) stellte fest, dass diese Gruppe zu den häufigsten Krankheitsbildern im Alter zählt, wobei die Häufigkeit von Osteoporose bei Frauen seit 1998 sinkt.[47] Abgesehen davon, dass sie meist sehr schmerzhaft sind, schränken sie die Mobilität der Betroffenen ein. Dies wiederum hat Auswirkungen auf das Herz-Kreislauf-System und die Verdauung, aber auch auf die soziale Einbindung. Die fehlenden Impulse und die mangelnden Anregungen durch die Außenwelt beeinflussen zudem die Stimmung. Wie bereits erwähnt: vieles hängt zusammen.

Diabetes mellitus Typ II, auch »Zuckerkrankheit« genannt, ist einer der Hauptrisikofaktoren für Arteriosklerose, und damit für Herzinfarkte und Schlaganfälle. Sowohl die Entstehung als auch der Krankheitsverlauf können entscheidend durch das eigene Verhalten beeinflusst werden, vor allem durch gesunde Ernährung und viel Bewegung. Wie der Bundesgesundheitssurvey zeigt, steigt die Diabetesprävalenz vor allem bei über Sechzigjährigen stark an, bei den Ü75-Jährigen liegt er bereits bei 60 Prozent![48] Zwei Drittel aller Diabetiker sterben vorzeitig an Herz-Kreislauf-Erkrankungen. Auch die kleinen Gefäße werden geschädigt, etwa im Auge, daher treten Netzhauterkrankungen wie Retinopathie, grüner oder grauer Star häufiger auf.

Weiterhin führt Diabetes zu peripheren Durchblutungsstörungen, zum Beispiel in den Beinen. Diese periphere arterielle Verschlusskrankheit kann zu Schmerzen und Krämpfen schon nach kurzen Wegstrecken führen. Die Betroffenen halten daher beim Gehen immer wieder an und warten das Abklingen der Schmerzen ab, weshalb man auch von »Schaufensterkrankheit« spricht. Selten geworden ist dagegen der diabetische Fuß, bei dem durch die eingeschränkte Wahrnehmung von Schmerz, Wärme und Berührung Druckstellen und Verletzungen unbemerkt bleiben und sich infizieren können, was bis zu einer Amputation führen kann. Durch konsequente Fußpflege kann man dem vorbeugen – sie dient hier nicht nur kosmetischen, sondern vor allem medizinischen Zwecken.

Die Nummer 1 unter den kleinen Plagen in puncto Häufigkeit ist der Bluthochdruck. 75 Prozent der Menschen über sechzig haben einen zu hohen Blutdruck! Wobei »zu hoch« gleichbedeutend mit einem erhöhten Risiko für Schlaganfälle und Herzinfarkte ist. Wie genau der Mechanismus aussieht, der zu erhöhtem Blutdruck führt, ist nicht bekannt; es handelt sich um ein äußerst komplexes Zusammenspiel biochemischer Botenstoffe, Organe, Blutgefäße und des Nervensystems.

Die körperlichen Ursachen von Bluthochdruck mögen noch im Dunkeln liegen. Klar ist allerdings, dass privater und beruflicher Dauerstress ihn noch mehr in die Höhe treiben. Die Folge der »Volkskrankheit Bluthochdruck« ist, dass ein großer Anteil der über Sechzigjährigen heute mit Blutdrucksenkern behandelt wird, häufig sogar mit einer Kombination aus zwei verschiedenen Präparaten. Die Kunst beim Ansetzen und auch bei der regelmäßigen Kontrolle der Wirkung dieser Medikamente ist das Abwägen von Wirkung und Nebenwirkungen – hierzu gehören Müdigkeit, Antriebsschwäche, verlängerte motorische Reaktionszeiten und eine reduzierte Aufmerksamkeitsspanne. Um es mal deutlich zu sagen: Ein guter Teil der älteren Bevölkerung ist leicht heruntergedimmt.

Womit wir beim Un-Thema Nummer 1 angelangt wären. »Alles darfste haben – aber nichts mit der Psyche!« Eine Einstellung, die in der Generation unserer Eltern weitverbreitet ist. Psychische Erkrankungen wurden in der Kriegs- und Nachkriegszeit gleichgesetzt mit Schwäche und bis in die späten Sechziger weitgehend tabuisiert. Obwohl ein beträchtlicher Anteil der Bevölkerung kriegsbedingt unter affektiven Störungen und Angsterkrankungen gelitten haben dürfte, teilweise kombiniert mit posttraumatischen Belastungsstörungen. Derzeit leidet einer von hundert Ü65-Jährigen in Deutschland an einer solchen PTBS.[49]

Einer aktuellen repräsentativen Studie zufolge erfüllen etwa 35 Prozent der Bevölkerung zwischen 65 und 84 Jahren die Kriterien für eine psychische Störung; darunter fallen affektive Störungen wie Depressionen (13 Prozent), Angststörungen mit oder ohne Panikattacken (10 Prozent), somatoforme Störungen, also körperliche Beschwerden ohne organische Ursache (5 Prozent), und Störungen durch Substanzmissbrauch (11 Prozent), meist hervorgerufen durch Psychopharmaka. Diese Zahlen beinhalten auch Mehrfachnennungen, denn es können mehrere dieser Störungen – gleichzeitig oder versetzt – bei derselben Person auftreten.

Die Stigmatisierung psychischer Erkrankungen hat im neuen Jahrtausend nachgelassen, auch in der Generation Ü65. Aber wenn man es sich aussuchen dürfte, dann doch lieber was mit dem Herzen oder dem Darm. Denn trotz des häufig chronischen Verlaufs und der Lästigkeit dieser Erkrankungen herrscht die Auffassung, dass dagegen besser anzukommen sei als gegen psychische Erkrankungen. Und dass man sich ihrer weniger zu schämen bräuchte –

obwohl längst bekannt ist, dass beispielsweise Diabetes Typ 2 einen engeren Zusammenhang mit selbstschädigender Lebensweise hat als psychische Erkrankungen. Auch die Erblichkeit wird eher für körperliche Erkrankungen angenommen als für psychische. Ein Irrtum! Bei eineiigen Zwillingen sind zu etwa 40 Prozent beide Zwillinge betroffen, bei zweieiigen Zwillingen sind es etwa 20 Prozent. So viel macht die Genetik bei psychischen Erkrankungen aus. Dies gilt auch, wenn die Kinder adoptiert werden und somit in Familien mit psychisch gesunden Eltern leben. [50]

Bei all diesen Plagen sollten wir immer im Blick haben, dass ein Defizit nicht unbedingt eine »Behinderung« bedeuten muss. Es kommt darauf an, wie gut es ausgeglichen oder kompensiert werden kann. Die Weltgesundheitsorganisation WHO unterscheidet in diesem Zusammenhang zwischen »disabilities« und »handicaps«.[51] Erst wenn ein Defizit nicht kompensiert werden kann, führt es zu Einschränkungen der Mobilität und der Teilhabe am Leben.

KAPITEL 4
ZWEITER SCHRITT: GEGENSPIELER AUSSCHALTEN

Der nächste Schritt, den wir auf unserer Wanderung setzen sollten, ist die Beschäftigung mit den inneren Gegenspielern. Er vollzieht sich meist schon von selbst, wenn wir uns mit dem Thema Krankheit und Tod beschäftigen und uns über die gesundheitliche Verfassung unserer Eltern informieren. Wir scheuchen damit die Gegenspieler auf, denn sie haben Angst vor Veränderung. Ist ja logisch: ASWIs leben von der Wiederholung. Werte und Rollen sind auf langfristige Stabilität angelegt, und etwaige Leichen mögen bitte schön inkognito in ihrem Keller bleiben. Vielleicht werden auch die verzerrten Wahrnehmungen der Eltern unser Bemühen um Information ganz flugs in den Zusammenhang von etwas Größerem stellen. Sei es, dass wir Kinder uns von jetzt an glücklicherweise *um alles kümmern* werden oder dass wir uns unpassenderweise nun plötzlich *in alles einmischen*. Oder dass es privat oder beruflich bei uns *wohl gerade nicht so gut läuft*, weshalb wir mit einem Mal Freiräume haben, nachdem wir uns so lange *um kaum etwas gekümmert* haben ...

Halten Sie solche Unterstellungen für abstrus? Dann denken Sie mal daran, wie es Ihnen selbst geht, wenn der Partner oder die Partnerin plötzlich aufmerksam reagiert auf Dinge, die vorher nicht so im Fokus waren: Bundesligatabellen, Friseurbesuch oder neuer Nagellack, Sommerreifenwechsel oder frischer Blumenschmuck in der Wohnung. Wir freuen uns eigentlich über die Aufmerksamkeit, aber gleichzeitig kommt Misstrauen auf: Was ist denn mit dir los? Hast du was gutzumachen?

Hier sind sie, unsere Gegenspieler – sie vermuten, dass sich etwas ändern könnte in ihrer Abteilung. Oder besser gesagt: Dass etwas auf die Tagesordnung kommt, das da schon längst hätte stehen müssen. Unsere Gegenspieler werden versuchen, genau das weiter zu vertagen. Ist ihr gutes Recht. Die Frage ist, ob sie damit durchkommen. Je genauer wir diese Pappenheimer kennen, umso eher können wir ihnen einen Strich durch die Rechnung machen. Um beim Beispiel unserer Wanderung zu bleiben: Es macht Sinn, zunächst den Schwierigkeitsgrad des Terrains abzuschätzen. Denn wenn man unterwegs unter Zeitdruck oder in schweres Wetter kommt, ist es immens hilfreich, die Lage einschätzen zu können. Einordnen zu können, warum es nun plötzlich so schwierig wird. Warum wir ungeduldig werden, wenn die Eltern jeder Diskussion über einen bestimmten Punkt ausweichen oder warum es darüber zu einem Streit mit üblen Vorwürfen kommt. Oder warum sich plötzlich andere Leute einzumischen beginnen. Das muss nicht passieren, es kann auch alles glattgehen. Aber *falls* etwas passiert, ist es gut, seine Pappenheimer erkennen zu können.

Einschränkung Nummer eins: Wir müssen uns darüber im Klaren sein, dass wir nicht die Therapeuten unserer Eltern sein können. Wir gehören sozusagen zum Theaterensemble und sitzen nicht als Unbeteiligte im Zuschauerraum.

Soll heißen: wir haben unsere eigenen Interessen und unsere eigene Geschichte in dieser Familie, im Positiven wie im Negativen. Daher macht es auch keinen Sinn, unseren Eltern etwaige neu gewonnene Einsichten in einer kleinen Sonntagspredigt beim nächsten Besuch vor den Latz zu knallen, seien sie diesem Buch entnommen oder anderen Quellen. Bestenfalls helfen die Überlegungen, die wir uns hier machen, uns selbst. Aber das wäre ja schon mal ein Anfang.

Einschränkung Nummer zwei: Es geht es hier keinesfalls um Selbsttherapie, wenngleich das eine oder andere Konzept, das in der Psychotherapie Anwendung findet, durchschimmern mag. Wenn wir im Alltag unter Ängsten, Niedergeschlagenheit, Antriebsmangel oder anhaltender Schlaflosigkeit leiden, suchen wir uns am besten professionelle Hilfe und lassen abklären, ob es sich dabei um eine behandlungsbedürftige Störung handelt. Vielleicht sind die Beschwerden Folgen hormoneller Umstellungsprozesse, vielleicht Ausdruck einer psychischen Störung. Treten Letztere erst in unserem Alter auf, sind sie heutzutage gut behandelbar, vorausgesetzt man beginnt früh und konsequent damit und kombiniert Psychotherapie und Medikamente nach dem aktuellen Stand der Kunst – ähnlich wie wir es bei anderen zur Chronizität neigenden Erkrankungen auch tun würden. Also keine Ausflüchte! Wir können schwerlich von unseren Eltern verlangen, sich mit unangenehmen Entwicklungen auseinanderzusetzen, während wir dies selbst vermeiden. Und selbst wenn die Lebenssituation der Eltern ein Stressor für uns ist, können wir ihnen nicht die Verantwortung für unser eigenes Wohlergehen zuschieben. »Wenn es dir besserginge, ginge es auch mir besser« ist keine erwachsene Haltung.

In diesem Zusammenhang auch gleich ein deutliches Wort an die männlichen Leser: Auf der Bühne Ihrer eigenen Familie haben Sie die Hauptrolle und Ihre Partnerin allenfalls eine Nebenrolle. Hier geht es um die Bindung innerhalb der Familie, und da kann auch die sympathischste und klügste Schwiegertochter niemals den Sohn ersetzen. Schlicht weil sie erst dazukam, als die entscheidenden ersten Jahrzehnte schon gelaufen waren. Dies gilt auch für den Fall, dass Sie schon seit dreißig Jahren zusammen sind, Ihre Partnerin in Teilzeit arbeitet und daher mehr Zeit hat als Sie, oder Ihnen in den komplexen Fragen des menschlichen Zusammenlebens als die Geschicktere erscheint. In diesem Zusammenhang einen schönen Gruß von meiner Freundin Isabell, einer Hebamme mit Berliner Schnauze, die sich mit Männern in menschlichen Übergangssituationen bestens auskennt: Stellt Euch nicht so an, Jungs. Bei der Geburt Eurer Kinder seid Ihr ja schon serienmäßig dabei. Das klappt heutzutage um Längen besser als früher, und Ihr macht das jeder auf Eure ganz eigene Art. Das mit dem Tod Eurer Eltern packt Ihr jetzt auch noch. Also macht Euch locker, findet Euren eigenen Weg, aber kommt in die Hufe!

Ein Hinweis für Schwiegertöchter und Lebenspartnerinnen: Falls Sie dieses Buch gekauft haben und es Ihnen dabei eigentlich um die Eltern Ihres Mannes ging, schwenken Sie um! Denken Sie beim Lesen in erster Linie an Ihre eigenen Eltern und an Ihre eigene Situation. Auch wenn Ihre Eltern vielleicht noch nicht gebrechlich sind: unweigerlich werden auch sie älter, und es ist nie zu früh, sich mit dem Thema zu beschäftigen! Gelegentliche Vergleiche mit den Schwiegereltern inklusive. Und danach geben Sie das Buch am besten an Ihren Partner weiter ...

Oft hilft es, Dinge, die einem zusetzen, zu visualisieren oder sich Notizen dazu zu machen. Nachdem ich 2015 gemeinsam mit Tobias Schmitz die *Stern*-Reportage »Mama, lass Dir helfen!« verfasst hatte, schrieb uns eine Leserin, wie sehr ihr dieser einfache Kniff geholfen habe. Nach einem Sturz der Mutter habe sie sich gemeinsam mit ihren beiden Geschwistern einen ganzen Tag lang Zeit dafür genommen. Die Geschwister wohnten alle weit entfernt, die Eltern hatten sie bislang bei Besuchen nicht mit kleinen Alltagssorgen belasten wollen. Nun war der gebrochene Oberschenkelhals zwar wieder leidlich verheilt, aber der Vorfall hatte alle aufgeschreckt. Die Geschwister wollten gemeinsam mit den Eltern herausfinden, was aus ihrer Sicht verbesserungswürdig wäre und wie man das konkret angehen könnte.

Das Treffen verlief wie ein Workshop mit Flipchart im Wohnzimmer und anschließender Protokollierung der Ergebnisse. Da kam einiges zusammen – von der Beseitigung der Stolperfalle an der Balkontür und den Vorteilen eines Notarzt-Alarmknopfs über die Anlieferung von Getränken bis hin zur Planung von regelmäßigeren und wechselnden Besuchen der Kinder. Jeder Punkt wurde ausführlich diskutiert, es ging um gegenseitige Überzeugung, nicht um das Stellen vor vollendete Tatsachen. Das ist wichtig, denn nur so können die Eltern das Gefühl wahren, trotz ihrer schwindenden Kräfte im Ruderboot wenigstens noch das Steuer in der Hand zu behalten.

Ich fand es beeindruckend, dass sich Eltern und Geschwister dieser Leserin auf diese konstruktive Sitzung eingelassen haben. Die meisten von uns scheuen sich, Beobachtungen, Probleme und Lösungsvorschläge schwarz auf weiß zu fixieren. Als würden die Buchstaben ein Eigenleben entwickeln, als würde ein Geschehen erst durch das Geschriebene Realität. Gerade bei versteckten Gegenspielern kann dies jedoch enorm hilfreich sein: Wir können sie dann genauer in Augenschein nehmen, quasi materialisiert, sei es auch nur in 2D. Die Notizen können Ihnen dabei helfen, das Terrain Ihrer Wanderung abzustecken: Sie geben Auskunft über steile Anstiege und Wegabschnitte, die überraschend problemlos zu meistern sind. Ihre Erkenntnisse können Sie auch in ein einfaches Schaubild eintragen. Falls Sie mögen, nutzen Sie die folgende Seite gern als Kopiervorlage.

ASWIs in gute Rituale verwandeln

Beginnen wir mit den sympathischen ASWIs. Wobei fühlen wir uns besonders wohl, wenn wir unsere Eltern treffen? Was sind unsere kleinen Rituale? Besonders häufig sind Besuchsrituale – egal, ob wir neben unseren Eltern wohnen oder weit entfernt. Wo nehmen uns unsere Eltern in Empfang? Kommen sie an die Tür, oder sitzen sie auf ihrem Stammplatz? Was tun wir als Erstes? Was ist unser Lieblingsplatz beim Besuch? Wo kommen wir am besten miteinander in Kontakt? Wenn wir solche schönen gemeinsamen ASWIs haben wie Tanjas Besuche bei Waltraud, dann sollten wir sie ganz bewusst pflegen. Und sie uns nicht nehmen lassen, weder durch Tortenunverträglichkeit noch durch Terminwünsche anderer Leute oder sonstige Tücken des Alltags. Gute ASWIs sind wichtig, gerade wenn man sich nicht so häufig sieht!

Familien-Törtchen

ASWls	WeRoKos
LiKs	VW

Wir sind, wie bereits erwähnt, eine Generation der »Weggezogenen«. Im Westen verschlug die ZVS, die Zentralstelle zur Vergabe von Studienplätzen, oder auch der postindustrielle Strukturwandel viele von uns in andere Landesteile. Im Osten führten die ökonomischen Folgen der Wende dazu, dass viele von uns aus den Herkunftsorten wegzogen auf der Suche nach Verdienstmöglichkeiten.

ASWIs haben gerade für die Weggezogenen eine wichtige Bedeutung, insbesondere wenn die Eltern noch am gleichen Ort wohnen wie früher. Heimkommen, sich zu Hause fühlen, vielleicht sogar im alten Kinderzimmer schlafen, in die Dorfkneipe gehen ... Wir pflegen diese ASWIs, wir hängen daran. Wir möchten glauben: Hier ist die Welt noch in Ordnung. Hier konnte man schon als junger Ferienheimkehrer Kraft tanken, aufatmen, sich verwöhnen lassen. Hier herrschte, anders als im komplizierten Beziehungs- und Arbeitsleben, Stabilität. Daher bitte: Alles so wie immer!

Dagegen spricht auch prinzipiell gar nichts. Nur wenn der Aufwand zur Aufrechterhaltung *unserer* ASWIs für unsere Eltern so hoch wird, dass er sie mehr Kraft kostet als Freude bereitet, sollten wir das nach Möglichkeit bemerken. Wenn die Eltern beispielsweise eigentlich ein zweites Schlafzimmer oder eine Kammer benötigen, statt unser Kinderzimmer im Originalzustand zu konservieren: wir könnten ja mal darüber reden. Und erklären, dass wir auch woanders schlafen können, ohne dass unsere Besuche deswegen seltener würden. Vielleicht wäre das auch ein guter Anlass, mal gemeinsam auszusortieren. Welche Erinnerungsstücke sollen behalten werden, welche können weg?

In vielen Familien ergeben sich Gespräche vor allem bei Tisch. Weil es auch früher so war, dass sich die Familie um den Abendbrottisch versammelte, bei Geburtstagen am Kaffeetisch oder sonntags um den Braten. Man sitzt zusammen und tauscht sich aus über dies und das. In größerer Runde ergeben sich dabei allerdings eher selten persönliche Gespräche. Erstens, weil sich eben alles ums Essen dreht, und zweitens, weil sich nicht alles, was man sagen möchte, für die größere Runde eignet. Gerade Mütter sind während des Essens oft ziemlich abgelenkt und ständig unterwegs. Hier fehlt noch ein Untersetzer, dort die Soßenkelle, und die Wasserflasche ist auch bald leer.

Mein Cousin rief früher regelmäßig laut bei Familienfeiern aus: »Mutter, nun setz dich doch mal *endlich* ruhig hin, das können wir doch machen!« Fügte sich meine Tante, dann saß sie fortan wie auf heißen Kohlen auf ihrem Stuhl und beobachtete mit Argusaugen, ob wir auch alles richtig machten. Von Ruhe keine Spur. Ignorierte sie seinen Wunsch und lief weiter emsig herum, dann war er sauer, und sie hatte ein schlechtes Gewissen. Irgendwann hat er aufgegeben. »Cousinchen«, sagte er letztens zu mir, »sie muss eben dauernd rumlaufen, das steckt drin von früher. Aber wenn das Essen vorbei ist und die anderen rausgehen zum Spülen, bleib ich mit ihr sitzen. Dann kommt unsere Zeit. Sie genießt ihr Gläschen Portwein, und wir erzählen uns, wie es uns geht.«

Anders bei meiner Freundin Anja. Auch bei ihr kommt das Gespräch erst nach dem Essen, aber sie gehört mit ihrem Vater zum Spül-Team. Die Rollen sind fest verteilt: er spült, sie trocknet ab. Sie erzählen sich gegenseitig, was sie im Moment bewegt – dabei dreht er ihr den Rücken zu und scheppert mit den Töpfen. Gartenarbeit,

Wäsche falten, Hund ausführen ... wo steht geschrieben, dass man beim Zweiergespräch still sitzen und sich anschauen muss?

Spaziergänge sind eine prima Gelegenheit, um in Kontakt zu kommen und gehören praktischerweise bei älteren Menschen oder auch bei Familienfeiern zwischen den Mahlzeiten zum Standardprogramm. Frische Luft lockert auf, man kann den Blick schweifen lassen und auch mal eine Weile schweigend nebeneinander herlaufen. Das hebt die Stimmung, schafft Normalität und nimmt damit auch ungewohnten Situationen die Peinlichkeit. Besonders wenn es um schwierige Fragen geht, die auch mal in der Luft hängen bleiben.

Wenn in unserer Familie ASWIs schon immer dünn gesät waren oder sich aufgrund von Umzügen oder verändertem Lebensumfeld mit der Zeit ausgedünnt haben: Es ist nie zu spät, welche aufzubauen. Wenn es gut passt, kann dadurch schon nach wenigen Malen ein kleines Ritual werden. Es ist wissenschaftlich belegt, dass Menschen jenseits der vierzig zunehmend Regelmäßigkeiten lieben![52] Da haben wir dann mit unseren Eltern etwas gemeinsam, denn auch wir sind ja nicht mehr die Jüngsten. Ziemlich sicher ist eins: ASWIs, die wir lieben, weisen uns den Weg zum Familienschatz - zu den Werten, mit denen wir aufgewachsen sind und die wir mit unseren Eltern teilen. Wie Waltrauds schwer verdauliche Buttercremetorte, die trotz allem für Fleiß, Gastfreundschaft und Sorge für den Nachwuchs steht.

WeRoKos: Würdigen statt bekämpfen

Zunächst mal eine ernüchternde Ansage: Werte sind wie unsere Haarfarbe, wir bekommen sie mit auf den Weg, ob wir wollen oder nicht. Rote Haare beispielsweise können wir ab dem Jugendalter überfärben oder durch Spezialshampoos betonen, je nachdem wie wir dazu stehen. So ab dreißig, vierzig wechseln wir dann vielleicht ein bisschen halbherzig zu den Mittelblonden hinüber, bevor die Haare früher oder später wie bei allen anderen auch grau werden oder ausfallen. Doch was auch immer geschieht: die Rothaarigkeit unserer Kindheit wird uns nachhaltig bestimmen. Vielleicht gibt es eine Familiengeschichte dazu: der Opa war rothaarig, und dann übersprangen die roten Haare eine Generation, kamen bei uns wieder heraus. Vielleicht waren alle Geschwister rothaarig und fielen auf, wenn sie früher gemeinsam durchs Dorf liefen. Vielleicht hat man uns wegen der Haarfarbe zu Jugendzeiten bestimmte Eigenschaften unterstellt, uns »sexy Hexy« genannt oder »Streichholz«. Vielleicht haben sie uns gestört, die roten Haare oder die dazugehörige sonnenempfindliche Haut mit den Sommersprossen. Vielleicht hat die rote Farbe uns aus der Menge herausgehoben und dazu geführt, dass wir uns gern ein bisschen ins Rampenlicht begeben. Oder im Gegenteil: dass wir es hassen, im Mittelpunkt zu stehen. Soll heißen: auch wenn wir mit fünfzig längst nicht mehr rothaarig sind oder es nie sein wollten, gehört dieses Merkmal zu uns.

Ähnlich wie mit der Haarfarbe steht es mit unseren Familienwerten. Sie sind ein Teil von uns, und weil wir sie ohnehin nicht loswerden, tun wir gut daran, nicht gegen sie anzukämpfen. Um mit Steven Hayes, dem Begründer der Akzeptanz- und Commitment-Therapie[53] zu sprechen: Bieten wir ihnen den Platz an, der ihnen gebührt, denn im Grunde genommen sind sie ja gut! Zumal uns das nicht daran hindert, neben ihnen auch noch ein paar andere Werte hochzuhalten und in unseren eigenen Familien andere Prioritäten zu setzen.

Da es nun aber um die Eltern geht, setzen wir mal die rosa Brille auf, schauen unsere Familienwerte durch und würdigen sie anständig. Würdigen: ein wundervolles Wort, abgeleitet aus dem Althochdeutschen »wirdi«. Wir haben es als »Wert« ins moderne Deutsch und als »värde« in die skandinavischen Sprachen übernommen und dabei das lateinische »dignitas« verschmäht. Dignitas ist verwandt ist mit dem proto-italienischen Wortstamm »dek-«, für nehmen, der sich auch heute noch versteckt im englischen »take«. »Decet« heißt, es nimmt sich seins, früher hätte man im Deutschen gesagt: es ziemt sich. Das Sich-Ziemen kann ja viele Gründe haben, auch gesellschaftliche Konventionen. »Würdig« ist hingegen etwas a priori Gegebenes. Er steckt auch in dem Begriff »Menschenwürde«, für den die englische Sprache – vermutlich per Umweg übers Französische – »dignitas« übernommen hat: »human dignity«. Beides, die Grundsätzlichkeit und die gesellschaftliche Konsensbildung, sind wichtige Aspekte von Werten.

Würdigen heißt zunächst, unsere eigene Familie ein wenig aus der Distanz zu betrachten. Was ist in unserer Familie wichtig? Worauf sind wir stolz? Was ist Vater und Mutter schon immer heilig gewesen? Was macht uns zufrieden? Finanzielle Sicherheit? Freiheit?

Verantwortung übernehmen? Von anderen geachtet zu werden?

Die konkrete Umsetzung dieser Werte unterscheidet sich möglicherweise zwischen den Generationen: Finanzielle Sicherheit kann für den einen das Eigenheim als Kapitalanlage, für den anderen Schuldenfreiheit oder eine möglichst bescheidene Lebensweise bedeuten. Freiheit kann sich in Mobilität oder Reiselust ausdrücken oder sich in der Wahl eines kreativen, selbstständigen Berufs niederschlagen. Oder in dem Bedürfnis, möglichst wenig Kram zu besitzen und alles im Internet zu verscherbeln, was man nicht mehr braucht. Verantwortung kann bedeuten, Personal im Job zu führen oder sich um Familie, Freunde oder Patenkinder zu kümmern. Aufrichtigkeit und Ehrlichkeit kann sehr unterschiedliche Ausprägungen annehmen: Die einen versuchen möglichst bescheiden aufzutreten und meiden jegliche Übertreibung, die anderen wettern laut und entschieden gegen Missstände und demonstrieren Zivilcourage. Auch der Wunsch, von anderen geachtet zu werden, kann auf unterschiedlichen Wegen realisiert werden: durch Bildung und Fachkenntnisse, durch Wahrung von Traditionen, durch soziales Engagement im Stadtteilzentrum, durch Wohlstand im Lions Club.

Üblicherweise teilen wir gewisse Werte mit unseren Eltern, schließlich haben wir sie von ihnen mit auf den Weg bekommen. Manche werden das vielleicht erst auf den zweiten Blick feststellen, manche werden diesen Werten vielleicht andere oder umgekehrte Prioritäten zumessen, aber es gibt eine Schnittmenge. Machen wir ruhig mal eine Gegenüberstellung, das geschriebene Wort ordnet den Gedanken. Nehmen Sie einen Wert als Überschrift und schreiben dann in je eine Spalte, wie Ihre Eltern ihn realisieren, welche Bedeutung sie ihm beimessen und vergleichen Sie das mit sich selbst. Es macht auch Sinn, dabei die Eltern einzeln zu betrachten. Hier ein Beispiel:

Mein Vater	Ich
Großzügigkeit	
Steckt den Kindern bei jedem Besuch Taschengeld zu	Runde meiner Tochter jede Woche das Essensgeld für die Schule auf
Gibt in der Kirche immer einen Schein in den Klingelbeutel	Unterstütze ein Sozialprojekt in Vietnam
Bildung	
30 Jahre Mitglied in einem Buchclub	Habe neben dem Job noch mal studiert
Erzählt Urlaubsbekannten stolz, dass alle Kinder studiert haben	Kaufe Bücher, obwohl ich keine Zeit habe, sie zu lesen
Kann keine Bücher wegwerfen, nicht mal Schundromane	Sozialprojekt in Vietnam ermöglicht Kindern den Schulbesuch

Nehmen Sie die Liste zur Hand und betrachten Sie noch einmal, was Sie darauf festgehalten haben. Welche Überschneidungen gibt es? Was zeichnet vor allem Ihren Vater oder Ihre Mutter aus? Wenn Sie das beisammenhaben, können Sie damit beginnen, offen zu würdigen – und damit gegen eine ungeschriebene soziale Regel zu verstoßen. Viele Menschen in unserem Kulturkreis sind nämlich leider der Auffassung, dass Kritik intelligenter wirkt als Lob. Vielleicht liegt das an der mit Leistungsdruck verbundenen Angst, sich auf Lob »auszuruhen« oder gar »überzuschnappen«. Der Ausspruch: »Net gmault isch globt gnug« wird landläufig den als besonders fleißig und bodenständig geltenden Schwaben zugeordnet. Diese Maxime scheint aber nicht nur für die süddeutsche Regionalbevölkerung zu gelten, sondern tief verwurzelt zu sein in unserer Kultur. Mal abgesehen von den Einsatzgebieten Kindererziehung und Führungskräftetraining.

Möglicherweise ein Überbleibsel der Aufklärung, diese moderne Abneigung gegen das »Naiv-Gläubige«, psychologisch jedenfalls völliger Humbug. Es ist längst erwiesen, dass ein Lob der beste Stimmungsaufheller, Motivationsgeber und Beziehungsstärker ist, den wir kennen.[54] Und zwar für beide Seiten – für denjenigen, der damit bedacht wird, wie auch für denjenigen, der es verteilt! Lob-Empfänger haben allerdings ein sehr feines Gespür für dessen Angemessenheit. Daher laufen antrainierte Manager-Lobeshymnen, die nur darauf abzielen, den Einsatz der Mitarbeiter und damit den Gewinn zu steigern, langfristig ins Leere.[55] In der Familie sind Kinder die klassischen Lob-Empfänger, doch Vorsicht: Sie haben schon in jungen Jahren ein feines Gespür dafür, dass es ein wenig übertrieben ist, wenn Eltern über ein Alltags-Krickelkrakel in Ekstase ausbrechen; sie merken, dass diese damit eher die eigenen Erziehungserfolge feiern möchten.

Es kommt also einerseits auf das richtige Maß an, andererseits aber vor allem darauf, es zu tun. Vielleicht erscheint es uns ungewöhnlich, eine Person zu loben, die älter ist als wir.[56] Loben heißt, dass ich die Leistung oder geistige Haltung eines anderen offen anerkenne. Warum sollten *erwachsene* Kinder die Rolle nicht mal umkehren und ihre Eltern loben? Nichts spricht dagegen, der eigenen Mutter ganz konkret zu sagen: »Ich finde es gut, dass wir immer ein offenes Haus hatten. Jeder unserer Freunde war willkommen. Ich habe mir das zum Vorbild genommen.« Wenn wir das so empfinden, wenn es aus unserer Sicht stimmt, warum sagen wir es nicht einfach mal? Es wird ihr vielleicht peinlich sein, vielleicht wird sie abwiegeln, das müssen wir dann eben mal aushalten. Uns war früher auch einiges peinlich, was unsere Eltern gefühlsmäßig ausgedrückt haben – man erinnere sich nur an absolut uncoole Abschiedsszenen bei Klassenfahrten. Aber gutgetan hat es uns doch, wenigstens insgeheim.

Werte können miteinander in Konflikt geraten. Dann geht es manchmal nicht vor und nicht zurück, ähnlich wie bei Thomas' Mutter. Bei Frauen, die sich ihr ganzes Leben für häusliche Ordnung und Sauberkeit verantwortlich gefühlt haben und dies als Mindestvoraussetzung für familiäre Zufriedenheit betrachten, kommen bei zunehmender Gebrechlichkeit andere Werte damit in Konflikt. Geselligkeit und Gastfreundschaft scheinen in den Hintergrund zu treten, zu groß ist die Befürchtung, dass Unzulänglichkeiten beim Saubermachen entdeckt werden könnten. Gerade bei Familienfeiern kann dies schwierig werden. Feiert man den runden Geburtstag zu Hause, dann erscheint der eine Wert bedroht. Feiert man im Restaurant, der andere. Also feiert man gar nicht oder verschiebt die Feier unter einem Vorwand auf den Nimmerleinstag. Wir finden das schade und versuchen den Vorwand zu entkräften – aber darum geht es nicht. Wir müssen versuchen, den Wertekonflikt zu entschärfen.

Auch Fremdenfeindlichkeit kann etwas mit Werten zu

tun haben. Letztens las ich eine Reportage über einen erwachsenen Sohn, der empört feststellen musste, dass sein Vater, der selbst nach dem Zweiten Weltkrieg als »Aussiedlerkind« nach Deutschland gekommen war, sich nun abfällig über Flüchtlinge äußert, insbesondere über minderjährige unbegleitete Flüchtlinge, deren Familien eventuell nachziehen möchten. Sein Sohn kann das nicht verstehen – für ihn steht beides auf der gleichen Ebene. Für seinen Vater jedoch nicht. In dessen Erinnerung haben er selbst und viele andere sich damals ihre Stellung in der Gesellschaft über Jahre hart »erkämpft« – und finden es ungerecht, dass es Neuankömmlingen jetzt vermeintlich leichter gemacht wird. Hier geht es um den Wert Gerechtigkeit und um den Selbstwert: Ich bin kein Almosenempfänger, sondern habe den Gegenwert der an mich gezahlten Leistungen erwirtschaftet. Es geht in erster Linie um die Würdigung der Lebensleistung, nicht um tiefsitzende Ressentiments. Und diese Lebensleistung könnte der Sohn würdigen, auch wenn ihn der Zusammenhang, der dafür bemüht wird, befremdet.

Mit Rollen ist es ganz ähnlich. Wenn es um Entscheidungen geht, die die eigene Zukunft betreffen, dann sind sie meist mit Veränderungen unserer Rollen verbunden. Wer seine Rolle nur noch mit Ach und Krach ausfüllen kann, befürchtet, dass dies bald gar nicht mehr möglich sein wird. Wenn der Vater demenzbedingt nicht mehr der Finanzvorstand sein und sich nicht mehr an seinem Schreibtisch um Steuererklärung und unbezahlte Rechnungen kümmern kann, was dann? Wenn die Mutter nicht mehr jeden Tag ein warmes Mittagessen kochen kann, was dann? Nicht nur die Werte selbst, sondern auch die Rollen, die unsere Eltern einnehmen, um diesen Werten nachzustreben, sollten wir würdigen. Und wenn sie nicht mehr ausgefüllt werden können, überlegen, ob es etwas gibt, das an die Stelle treten kann? Jede Rolle, die wegfällt, entlastet einerseits – aber macht das Leben andererseits leerer. Vielleicht gibt es einen einfacheren Weg, die Rolle auszufüllen. Der Vater könnte Fotos sortieren, wenn ihm dies liegt. Die Mutter könnte für den Nachtisch oder für den Kuchen am Nachmittag sorgen. Ein bekanntes Modell zum »Erfolgreichen Altern«, das SOK-Modell für »Selektion, Optimierung und Kompensation«[57], nennt als Beispiel den berühmten Pianisten Arthur Rubinstein. Er gab bis ins hohe Alter hinein Konzerte, spielte aber weniger Stücke *(Selektion)*, übte sie besonders gründlich *(Optimierung)* und verlangsamte sein Tempo vor schnellen Passagen so, dass die nachfolgenden Läufe im Kontrast besonders schnell wirkten *(Kompensation)*. Raffiniert, oder?

LiKs respektieren

Wenn wir uns mit ASWIs und Familienwerten befasst haben, rücken mit hoher Wahrscheinlichkeit ein paar LiKs ins Blickfeld. Niemand ist stets finanziell abgesichert, großzügig, liebe- und verantwortungsvoll, geachtet und erfolgreich durchs Leben gegangen. Sicherlich gibt es auch in unserer Familie Vorkommnisse, Gewohnheiten und Verhaltensweisen, die so gar nicht zu den Werten passen, die bei uns *eigentlich* hochgehalten werden.

Zu diesen LiKs gibt es verschiedene Verbindungen. Zum einen gibt es häufig Mitwisser. Diese sind oft unter denjenigen zu finden, mit denen unsere Eltern keinen engen Kontakt mehr pflegen, obwohl sie sich früher sehr nahestanden, oder auch unter denjenigen, bei denen unsere Eltern immer wieder Ausnahmen machen, denen sie mit besonderer Nachsicht begegnen. Bei denen sie Dinge entschuldigen oder geflissentlich übersehen, die sie bei anderen nicht durchgehen lassen würden. Neben konkreten Personen bestehen die Verbindungen zu den LiKs auch aus eigenen Erinnerungen an früher. Die werden häufig »stillgelegt«, und so gibt es Lebensphasen, die völlig in Nebel getaucht sind, über die vermeintlich keine Familiengeschichten existieren. Phasen, an die zu erinnern sehr schmerzhaft ist, beispielsweise eine außereheliche Affäre, die andere Familienmitglieder sehr verletzt oder eine Trennung ausgelöst hat. In manchen Familien, die vor 1989 in der DDR lebten, sind Jahre der Vorwendezeit »in den Keller verbannt«, weil man sich von der Stasi hat vereinnahmen lassen und politisch Andersdenkende denunziert hat. Weil man bis zuletzt an diesem System festgehalten hat. Manchmal auch die Jahre der Nachwendezeit: weil man sich im Nachhinein dafür schämt, dem Kapitalismus nach dem Mauerfall mit einer Naivität begegnet zu sein, die zu Fehlinvestitionen und langfristigen Verschuldungen geführt hat. In Familien, die während des Zweiten Weltkriegs von der Deportation jüdischer Mitbürger profitierten und preiswert deren Besitztümer erwerben konnten oder anderweitig Schuld auf sich geladen haben, hängen die Nebelschleier über der Mitte des letzten Jahrhunderts. Die Basis für den eigenen Wohlstand wurde geschaffen, indem man sich das Eigentum vertriebener Mitbürger aneignete, nach äußerst notdürftiger Klärung von Eigentumsverhältnissen, unter Einsatz von Insiderwissen. Unter den Kriegsgewinnlern während der NS-Diktatur waren nicht nur Reiche und große Firmen, sondern auch Bauern, die stark unter Wert Land dazupachten und Städter, die Läden und große Wohnungen übernehmen konnten. Später gab es jene, die auf dem Schwarzmarkt Geschäfte mit der Not ihrer Mitbürger machten, Parteigänger, die nicht oder nur unzureichend »entnazifiziert« wurden, weil man ihre Kompetenzen im neuen System brauchte. Es gibt viele dunkle Flecken, niemand will sich so genau daran erinnern, und niemand will wirklich erzählen, was da alles gelaufen ist.

Auch wenn wir die LiK sozusagen »riechen«, sollten wir uns hüten, in Aktionismus zu verfallen und mal schnell den Keller auszumisten, nur weil unsere Neugier geweckt ist oder weil uns selbst ein mulmiges Gefühl beschleicht, mit dem wir schlecht klarkommen. Beim nächsten Kurzbesuch am Kaffeetisch vor versammelter Verwandtschaft inquisitorische Fragen zu stellen - »Warum haben wir eigentlich keinen Kontakt mehr zu Tante Else? Warum bist du damals, als Papa was mit der Sekretärin hatte, nicht einfach ausgezogen? Wohnte in unserer Villa nicht vor dem Krieg eine jüdische Familie?« -, das kann leicht nach hinten losgehen. Wer solchermaßen überfallen wird, setzt entweder zur Flucht an oder geht zum Gegenangriff über, noch bevor das Gehörte das Großhirn überhaupt erreicht hat. Warum sollte es unseren Eltern auch anders gehen als uns selbst? Denken Sie doch nur mal an den letzten Krach in Ihrer Partnerschaft. Je mehr man sich in die Ecke gedrängt fühlt, umso weniger erkennt man die Berechtigung mancher Fragen oder Vorwürfe. Und wenn blinde Flecken mit einem Mal von anderen sichtbar gemacht werden, geht meist erst mal der Rolladen runter.

Der Unterschied zwischen Investigativjournalismus und Erwachsenes-Kind-Sein ist der, dass man nicht jede LiK ans Licht ziehen muss. Zum einen gibt es in den meisten Biografien des 20. Jahrhunderts gleich mehrere davon – Krieg, Not und Gewaltherrschaft boten viele Gelegenheiten, entgegengesetzt zu den eigenen Werten zu handeln. Zum anderen ist es für manches im Alter schon zu spät, das Hervorholen und Auseinandersetzen mit lange gedeckelten Erinnerungen würde zu viel Kraft kosten. Leichen im Keller sind schmerzhaft, und niemand möchte sie gerade in schweren Lebenslagen unter die Nase gehalten bekommen. Natürlich gilt, dass geteilter Schmerz halber Schmerz ist, aber teilen kann man auch dezent. Es kann schon wohltuend wirken, wenn wir die Signale richtig deuten und darauf eingehen. Wenn ein kritisches Thema gestreift wird und die Eltern abrupt reagieren oder sofort zum Wetter überwechseln, sollte man signalisieren, dass es nicht um eine drohende Anklage geht. Sondern um ein Angebot, zuzuhören. Das erfordert etwas Fingerspitzengefühl, doch wenn man seinem Gegenüber die Entscheidungshoheit überlässt, wenn man ihm zeigt, dass man verstanden hat, dass hier ein sensibler Bereich angetastet wurde, kommen die Betreffenden manchmal von selbst darauf zurück.

Und das ist der entscheidende Punkt. Es liegt nicht an uns, das zu forcieren. Bei einem lang zurückliegenden und schief zusammengewachsenen Knochenbruch überlegt man ja auch, was überwiegt – bringt eine neuerliche Operation mit wochenlanger Fixierung der Knochen mehr Schaden oder Nutzen? Wir reden in diesem Zusammenhang oft vom Aufreißen alter Wunden. Wunden mögen unschön vernarbt sein, manchmal noch schmerzen, doch ging das zumindest ohne Totalschaden vonstatten, wir haben überlebt. Den Preis dafür zahlt jeder von uns sowieso, auch ohne Anklage.

Manchmal belasten LiKs unser Verhältnis zu anderen allerdings so sehr, dass wir es für unumgänglich halten, sie beim Namen zu nennen. Ein schwieriges, aber gar nicht so seltenes Thema in diesem Zusammenhang ist körperliche Misshandlung. Wer von Vater oder Mutter in der Kindheit geschlagen wurde, dem sind die Erinnerungen an den Schmerz und die Erniedrigung auch nach Jahrzehnten noch präsent. Unsere Eltern und Großeltern waren in vielen Fällen ihrerseits als Kinder Gewalt im häuslichen oder schulischen Kontext ausgesetzt. Wie bereits erwähnt, wurde die Kette häuslicher Gewalt, die von Eltern an die Kinder und von denen wiederum an ihre eigenen Kinder weitergegeben wird, in vielen Familien schon in den sechziger oder siebziger Jahren unterbrochen. Aber nicht in allen Familien. Wir wissen heute, dass diese sogenannte intergenerationale Transmission – ein Phänomen, das auch für sexuellen Missbrauch gilt –, nicht nur durch Umweltfaktoren, sondern auch durch genetische Dispositionen bedingt ist.[58] Menschen, die schlagen oder sexuell missbrauchen, mussten genau dies als Kinder meist selbst erfahren und fallen unter Stressbedingungen in dieses alte Verhaltensmuster zurück. Viele erwachsene Kinder, die häusliche Gewalt erfahren mussten, würden daher ihren Eltern sogar ein gewisses Verständnis entgegenbringen – wenn diese bloß zugeben könnten, was sie getan haben. Verblüfft entdecken jedoch Töchter und Söhne, die das

Thema mit ihren Eltern besprechen möchten, dass ihre Erinnerungen keineswegs geteilt werden. Entweder geben die Eltern an, sich an die Misshandlungen nicht erinnern zu können, oder sie spielen deren Häufigkeit und Schwere herunter. Es gibt die Variante Verleugnen: »Das bildest du dir alles nur ein. Ich erinnere mich an gar nichts.« Oder Bagatellisieren: »Kann sein, dass mir in schweren Zeiten mal die Hand ausgerutscht ist. Das ist dir sicher auch mal passiert mit deinen Kindern. Geschadet hat's dir offensichtlich nicht.« Oder Drohung: »Willst du daraus jetzt ein Riesending machen? Soll ich dir mal vorhalten, was du so alles falsch machst mit deinen Kindern? Nein? Dann lassen wir das Thema lieber.«

Es gibt kein Patentrezept für einen solchen hochemotionalen Konflikt. Manchmal muss man die unterschiedlichen Erinnerungen einfach stehen lassen, auch wenn Vergeben ohne geteilte Erinnerung, ohne Eingeständnis schwierig ist. Vielleicht erleichtert es uns den Umgang mit dem Schmerz, wenn wir uns den Sinn des Verleugnens vor Augen halten: die Furcht vor einem Verlust der Selbstachtung. Und der wiegt besonders schwer, wenn Menschen involviert sind, die uns am nächsten stehen und von denen wir am meisten geachtet werden möchten.

Wenn die Erinnerung vorhanden ist, aber von einer Seite heruntergespielt wird und die Reue fehlt, macht uns das hilflos und wütend. Geben wir unseren Eltern Zeit, darüber nachzudenken, und konfrontieren wir sie nicht mit der Forderung nach einem Geständnis. Stellen wir besser die berühmten »W-Fragen«, von denen wir in Kommunikationsseminaren so viel gehört haben. Was uns viel mehr interessiert, ist doch sowieso eher, *warum* sie das getan haben und *wie* sie sich währenddessen oder hinterher gefühlt haben. Vielleicht können wir da sogar mit einer eigenen Schilderung aufwarten: »Ja, Papa, ich habe meinem Sohn mal eine Ohrfeige gegeben. Und hinterher habe ich selbst nicht verstanden, wie ich das Liebste, was ich habe, schlagen konnte. Ich habe mich tagelang furchtbar geschämt. Und mich dann bei ihm entschuldigt.« Kann sein, dass unsere Eltern uns völlig verblüfft anschauen. Denn die Vorstellung, sich bei seinen eigenen Kindern zu entschuldigen, ist von dem Wertesystem, das der Generation unserer Eltern einst vermittelt wurde, etwa so weit entfernt wie Milchstraße von der Erde.

Wir können uns entscheiden, eine LiK nicht anzurühren. Auch in diesen Fällen ist es immens hilfreich, auf dem Schirm zu haben, wo sie liegt und wie schwer sie wiegt. Die vernarbte Wunde bleibt berührungsempfindlich, vielleicht schmerzt sie bei einem Wetterumschwung – bei LiKs beispielsweise oft dann, wenn ein belastendes Ereignis sich jährt, etwa ein Todesfall. Es ist eine Überlegung wert, um einen solchen Zeitpunkt herum einen Besuch einzuplanen. Zu zeigen: Ich weiß, heute ist ein schwerer Tag für dich.

Die allerbeste Variante ist, LiKs mit Respekt zu begegnen. Respekt kommt vom lateinischen »re-spectare«, und das bedeutet keineswegs, zu jemandem hochschauen, sondern *zurück*schauen! Das gemeinsame, wohlwollende Zurückschauen ist der Königsweg, um mit LiKs klarzukommen. Manchmal, wenn auch nur selten, gelingt es sogar, sie anständig zu beerdigen, so dass sie nicht länger im Keller vor sich hinmodern. Oft gelingt dies nur im Rahmen professioneller Therapien, also sollten wir keinen übertriebenen Ehrgeiz entwickeln. Und zur Erinnerung:

Wir können bei unseren Eltern nicht die Rolle des Therapeuten übernehmen. Wir können ihnen nur unsere Aufmerksamkeit schenken, wenn sie das Bedürfnis haben, zurückzuschauen. Dabei kommt uns entgegen, dass viele Ältere gern von früher reden und sich oft erst im Ruhestand noch mal mit längst zurückliegenden, schicksalhaften Ereignissen beschäftigen.

Eines der respektvollsten Gespräche über eine LiK, das ich jemals geführt habe, begann mit einem Geständnis meinerseits. Ich war bei Johanna, der Freundin meiner Großmutter, zu Besuch, die ich seit meiner Kindheit kenne und die fast ihr ganzes Leben in einem kleinen Ort in Süddeutschland verbracht hat. Wir schauten in der Stube das Bild eines ihrer Brüder an, der jung im Krieg gefallen war. »Der hat ja kaum was vom Leben gehabt«, sagte sie. Wir kamen ins Gespräch darüber, dass wir Menschen oft das nicht Erlebte mehr bereuen als das Erlebte – selbst wenn es schiefgegangen ist, haben wir es immerhin versucht.

Spontan habe ich Johanna anvertraut, dass ich mich vor vielen Jahren gegen ein Angebot entschied, das mich in ein anderes Land geführt hätte. Das Risiko, dort beruflich nicht Fuß fassen zu können und die Angst davor, meinen dort lebenden, attraktiven und offenherzigen Partner mit gewisser Wahrscheinlichkeit eines Tages mit einer anderen Frau teilen zu müssen, ließen mich vor diesem Schritt zurückschrecken. Ich habe dadurch eine große Liebe nicht gelebt – schade, denn so viele gibt es ja nicht davon.

»Bereust du auch etwas Ungelebtes?«, fragte ich Johanna. Und da erzählte sie mir, dass sie vierzig Jahre lang den Mann ihrer Schwester geliebt habe, der im gleichen Dorf wohnte. Ihre Gefühle wurden – zumindest solange sie jung war – erwidert, er wurde Vater einer ihrer Töchter, ohne dass sie mit ihrem Ehemann je darüber geredet hätte. Beide blieben verheiratet und lebten mit ihren Familien. Sich offen zu der Beziehung zu bekennen hätte für die Liebenden bedeutet, aus dem katholischen Dorf wegzuziehen und ihr Leben komplett neu aufbauen zu müssen. Er hätte vermutlich seine Kinder bei seiner Frau zurücklassen müssen. Sie hätte den Bruch mit ihrer Schwester und den Eltern verkraften müssen. Das haben sie nicht gewagt – eine Liebesgeschichte ohne Happy End. Er erlitt früh einen tödlichen Herzinfarkt, auch Johanna ist inzwischen verstorben.

Ich kannte ihre Geschichte aus Andeutungen und war überrascht über ihre Offenheit. Es war ein gutes, befreiendes Gespräch. Wenn ich im Nachhinein darüber nachdenke: entscheidend war, dass ich zunächst etwas von mir erzählt habe und damit aus der Junger-Mensch-sucht-Trost-Rolle herausgetreten bin. Viele ältere Menschen denken nämlich, ihr eigenes Leben sei nicht so interessant wie das der Jungen, sie hören sich lieber deren wilde Geschichten an und tragen allenfalls mit Ratschlägen etwas bei. Wenn es um Kriegserlebnisse oder Liebesgeschichten geht und sie von den Jüngeren »interviewt« werden, reagieren längst nicht alle geschmeichelt – manche fühlen sich ausgehorcht wie von einem Sensationsreporter. Dass ich mit Johanna nicht verwandt war, machte die Sache sicher einfacher. Und dass ich eher der Enkelgeneration angehörte, nicht der ihrer Tochter.

VW humorvoll begegnen

Rückschaufehler, Peak-End-Heuristik, verzögerte Selbstbildaktualisierung: sie alle führen dazu, dass unsere Eltern eine höchst individuelle Sicht auf ihr Leben und auf uns haben, die wir nicht komplett teilen. Und die zirkulär ist: Unsere Eltern nehmen Ereignisse so wahr, wie sie sie erwartet haben und wie sie sie wahrnehmen *möchten*. Wenn Mutter beispielsweise gestürzt ist, kann es sein, dass sie uns erklärt, schon als Kind immer wackelig auf den Beinen gewesen und ständig die Treppe heruntergefallen zu sein (Rückschaufehler, Peak-End-Heuristik). Das läge an ihren schlechten Füßen und käme vom Krieg her, sie hätten ja damals alle zu kleine Schuhe tragen müssen (willkommener Nebeneffekt: ein wenig Mitleid erheischen, Schwächung der Position des Gegenübers als Vertreter der Wohlstandsgeneration). Einen Rollator brauche sie nicht, so alt sei sie noch nicht (mit achtzig Jahren, verzögerte Selbstbildaktualisierung). Und der, der rein theoretisch mal für die Zukunft in Frage käme, müsse größtenteils selbst bezahlt werden und sei viel zu teuer (Blockade durch WeRoKo). Dieses Geld würde sie lieber den Enkeln geben (Bestechungsversuch). Erst nach und nach werden wir dann herausbekommen, dass sie in den letzten Jahren schon mehrmals gestürzt ist, aber dies vor uns verheimlicht hat (Mini-LiK). Aber, wie gesagt, das läge ja nicht an ihrem Alter oder einer Form von Gebrechlichkeit, sondern ...

Lassen Sie uns einen Moment innehalten. Diese Mechanismen kennen wir schließlich alle, oder? Wie beim Verhalten der Topmanager des gleichnamigen Unternehmens mit seinem Abgasskandal sind diese Verdrehungen alles andere als ein Zeichen mangelnder Intelligenz, sondern Ausdruck des Festhaltens an einem hochgeschätzten, aber überkommenen Status. Das Gegenüber macht entweder mit, oder fühlt sich für dumm verkauft. Ist Letzteres der Fall, dann können wir leider nicht wie in der Politik eine parteiübergreifende Untersuchungskommission einsetzen. Es ist verständlich, irritiert zu sein. Aber Lospoltern ist keine Lösung. Es bedroht den Selbstwert der Eltern noch mehr und mindert das Vertrauen. Am besten kommt man klar, wenn man erst mal bis zehn zählt, das Thema wechselt oder das Gespräch beendet, und zur Not eine Runde um den Block dreht.

Bei einer verzerrten Wahrnehmung ist es nicht zielführend, mit dem zu argumentieren, was *wir* als Fakten begreifen (Mutter ist gestürzt, weil sie zunehmend wackelig auf den Beinen ist und nicht, weil sie schon als Kind Probleme mit den Füßen hatte). Denn erstens ist Realität ein Konstrukt, und zweitens ist die Sichtweise auf diese Fakten *zweckdienlich* verändert. Aus Sicht der Mutter heißt das: Ich will keinen Rollator, auch wenn ich einen bräuchte, also schiebe ich das einfach auf meine seit jeher schwachen Füße. Sohn oder Tochter wäre es hingegen lieber, wenn ein Rollator angeschafft würde, weil sie sich dann weniger Sorgen machen müssten.

Da alles eine Frage der Perspektive ist, sollten wir uns nicht länger bei den Fakten aufhalten, sondern uns um den Zweck kümmern. Verzerrter Wahrnehmung ist am besten mit Gegenmodellen und Humor beizukommen. Knüpfen Sie beispielsweise bei nächster Gelegenheit an den Punkt mit dem teuren Luxus-Rollator an und fragen mal schelmisch, ob es so ganz allgemein für die fernere Zukunft auch andere Sichtweisen in Bezug auf den Bordstein-Porsche gäbe. Wiederholen Sie in entspannter Atmosphäre die Argumente Ihrer Eltern. Fragen Sie, ob Ihre Mutter den Rollator nutzen würde, wenn ein Heinzelmännchen ihn rein theoretisch kostenlos vor die Tür stellte. Reagiert sie immer noch ablehnend, kommen Sie dem wahren Grund ein wenig näher. Lachen Sie gemeinsam über die findigsten Ausreden. Sich die Welt so zu machen, wie sie uns gefällt, ist keine reine Alterserscheinung – das praktizierte schon Pippi Langstrumpf, und die ist jünger als wir und wird es ewig bleiben.

Wenn wir auf unserer Wanderung die Perspektive gewechselt, den Weg von den ASWIs über die Werte und die leicht abgeschrägte Wahrnehmungsleiter zur Leiche in den Keller gegangen sind, dann ist schon vieles geschafft. Vielleicht ist äußerlich noch nicht viel geschehen, aber wir werden merken: Das Gespenst verliert seinen Schrecken, vielleicht hört es auch auf zu spuken. Wir bekommen mit der Zeit ein genaueres Bild von dem, was unsere Eltern bewegt, bedrückt und erfreut. Keine leichte Aufgabe bei dieser tapferen Kriegskinder-Generation, deren Gefühlen und Bedürfnissen wenig Aufmerksamkeit geschenkt wurde.

Inzwischen schreitet die Zeit weiter voran, und die Kräfte unserer Eltern nehmen ab. Die Diskrepanz zwischen dem, was sie möchten und können, wird größer. Darin kann bei allem Übel auch eine Chance liegen: Bestenfalls kommen wir ihnen im Verlauf der Zeit näher, und dann erscheinen uns ihre Denk- und Verhaltensweisen besser erklärbar. Schlimmstenfalls bleibt alles beim Alten. Wir können also nur dazugewinnen.

KAPITEL 5
DRITTER SCHRITT: RESSOURCEN UND BINDUNGEN STÄRKEN

Quelle heißt auf französisch Ressource – darunter fällt also alles, was irgendwo hervorsprudelt und uns hilft, unseren Durst nach Glück und Zufriedenheit zu löschen. Das können andere Menschen sein, Talente, Geld, Zeit. Um im Bild der Wanderung zu bleiben: wir benötigen Proviant und Leute, die mitgehen und ihren Teil zum Gelingen beitragen. Deshalb tun wir gut daran zu überlegen: Wer oder was ist schon vorhanden? Was wäre als Ergänzung noch wünschenswert und hilfreich? Ist es möglich, da heranzukommen? Und wenn ja, wie hoch ist der Aufwand?

Netzwerke und Helferkreise

Soziale Netzwerke sind eine wichtige Form der Ressourcen. Wer eigene Kinder hat, kennt dies besonders aus der Zeit, als diese klein waren. Auch da konnte immer mal wieder etwas unsere Pläne durchkreuzen: das Kind war krank, oder wir mussten überraschend auf Dienstreise,

Termine knubbelten sich vor Weihnachten oder vor dem Sommerurlaub. Viele von uns hatten damals »Helferkreise«: Babysitter, Nachbarinnen, Freunde - und vielleicht auch die damals noch jüngeren Eltern.

Auf einem Seminar für junge berufstätige Mütter, das ich vor Jahren besuchte, wurden wir angeregt, über unser soziales Umfeld nachzudenken und unsere Helferkreise aufzuzeichnen: Wer ist auf der inneren Umlaufbahn, wen würde ich am ehesten um Hilfe bitten, und wofür? Und wäre das umgekehrt genauso? Wer steht auf der zweiten Umlaufbahn und springt ein, wenn die erste ausfällt?

Helferkreise beruhen auf Gegenseitigkeit - meist ist man in irgendeiner Hinsicht wiederum Teil des Helferkreises der Helfer, wenn auch nicht unbedingt mit den gleichen Kompetenzen. Als unsere Kinder klein waren, hatten wir nicht viel Geld, daher lautete bei uns der Tausch »Zeit gegen Zeit«. Die eine konnte einmal wöchentlich die Kinder der berufstätigen Nachbarin nebst den eigenen aus dem Kindergarten abholen, dafür goss die Nachbarin in der Urlaubszeit den Garten. Wenn man über größere finanzielle Ressourcen verfügt, sind meist auch die repräsentativen oder beruflichen Aufgaben größer, und dann ist der Helferkreis vielleicht eher nach dem Prinzip »Geld gegen Zeit« ausgerichtet: man bezahlt die Nanny, das Aupair, den Hundeausführer und die Reinigungskraft. Was auch immer getauscht wird - Hauptsache, die Beteiligten sind auf Dauer zufrieden.

Wie sieht es in dieser Hinsicht mit unseren Eltern aus? Haben sie ein weit verzweigtes oder eher kleines soziales Netzwerk, und kennen wir diejenigen, aus denen es besteht? Bevor Sie nun einwerfen: »Aber natürlich!« - gemeint ist hier nicht das Netzwerk, das sie zum Zeit-

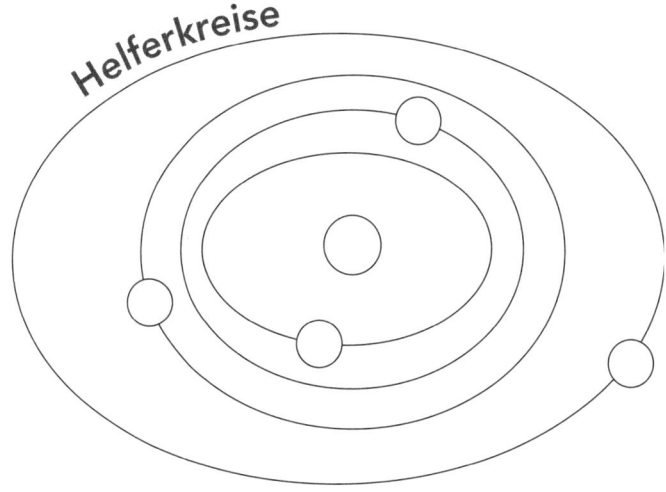

punkt unseres Auszugs von zu Hause hatten, sondern dessen aktuelles Update. Versuchen Sie mal zu skizzieren, wer so alles aus Ihrer Sicht um Ihre Eltern kreist – und auf welcher Umlaufbahn dieses Sonnensystems sich Ihr eigener Platz befindet. Ist das System unserer Meinung nach bei Mutter und Vater identisch, oder hat jeder sein eigenes?

Auf den Orbits könnten kreisen: Die Geschwister, Cousinen und Cousins unserer Eltern, unsere eigenen Geschwister und wir selbst. Alte Freunde, Nachbarn, Bekannte aus Sport- und Kreativkursen, dem Chor oder dem Kirchenkreis. Die Ex-Reinigungskraft, die hin und wieder zu Besuch kommt, und die Kegelschwester, die noch Auto fährt und manchmal Chauffeurdienste leistet. »It takes a village to rise a child«, lautet ein afrikanisches Sprichwort, das in den Neunzigern von der damaligen First Lady Hillary Clinton zum Titel ihres Bestsellers über die Bedürfnisse von Kindern wurde. Ohne die Analogie zwischen Älteren und Kindern unnötig zu strapazieren, kräftemäßig gehören beide zu den Schutzbedürftigen. Wir sollten die Losung also ausweiten. Was halten Sie von: »Every Oldie needs a village?« Ob auf dem Land oder im Großstadtkiez, ob gegen Bezahlung oder auf freiwilliger Basis – es braucht ein funktionierendes Netzwerk.

Ein Großstadtbeispiel geht so: Mein Nachbar Martin sorgt sich seit einigen Monaten sehr um seine Eltern. Er befürchtet, dass seine Mutter gerade eine Demenz entwickelt und dass es mit dem hüftgeschädigten Vater im vierten Stock einer Berliner Altbauwohnung ohne Aufzug nicht mehr lange so weitergehen wird. Martin ist Bauingenieur und kennt sich daher eher mit bröckelnden Bauten aus als mit menschlicher Gebrechlichkeit, hat aber als Sohn bei der Mutter einen dicken Stein im Brett. Er könnte bei seinen wöchentlichen Besuchen mal aus der ASWI-Rolle des mit-gutem-Essen-versorgt-Werdens hüpfen und der Mutter vorsichtig stecken, dass er sich Sorgen macht um sie. Dass er bemerkt hat, dass sie sich verändert hat. Er könnte fragen, was ihrer Meinung nach denn los sei. Und wenn sie darauf eingeht, nachhaken, ob sie mit ihrem Arzt schon darüber gesprochen hat. Er selbst versteht nicht viel davon, könnte sich aber danach mal mit seiner Schwester austauschen. Sie steht der Mutter zwar weniger nah, arbeitet aber im Sozialdienst eines Krankenhauses und ist mit den Hilfsmöglichkeiten im Sozialsystem vertraut. Sie könnte gemeinsam mit den Eltern einen Besuch bei deren Hausarzt einplanen und sich erkundigen, wie er den Verlauf der mütterlichen Verfassung einschätzt. Vielleicht hat der Arzt auch einen Vorschlag, welche Maßnahme helfen könnte, das Fortschreiten der Demenz zu verlangsamen, so es denn eine ist. Bezüglich des Vaters könnte man gleich klären, ob aus Sicht des Arztes eine Hüft-OP infrage kommt, was dafür oder dagegenspricht. Wenn das Gespräch einen guten Verlauf nimmt, werden Eltern und Kinder sich später nicht nur über Fakten und Maßnahmen, sondern auch über ihre Zukunftssorgen und Wünsche austauschen können.

Kooperation unter Geschwistern

Wie im Falle meines Nachbarn können sich Geschwister den Job teilen - jeder nach seinen Kompetenzen. Dazu müssen sie miteinander in Kontakt treten, was nicht in allen Familien üblich ist. Manchmal läuft die Kommunikation ausschließlich über die Eltern - nicht unbedingt weil man sich nicht versteht, sondern weil es einfacher ist, Kommunikationswege zu bündeln. Bei den Eltern laufen die Informationen zusammen, sie verteilen sie weiter - zumindest das, was ihnen wichtig ist. Vor diesem Hintergrund kommt es vielen erwachsenen Kindern fast wie »Verrat« vor, direkt untereinander zu kommunizieren. Sie sind es schlicht nicht gewohnt. Und manche Eltern befürchten, hintergangen zu werden, wenn ihre erwachsenen Kinder außerhalb von Geburtstagen und Familienfeiern miteinander über die eigene Familie reden. Das ist Humbug. Es ist nichts dagegen einzuwenden, wenn Erwachsene sich über ihre Familie und ihre Zukunftssorgen austauschen. Vorausgesetzt, dies geschieht respektvoll und nicht aus reinem Eigennutz. Wer erst dann direkt miteinander in Kontakt tritt, wenn ein Pflegeheim gesucht und finanziert werden muss, hat Entscheidendes versäumt. Dann sind nämlich Missverständnisse und Misstrauen vorprogrammiert, und die Gefahr ist groß, dass kleine Irritationen eskalieren. Weil unterschiedliche Kenntnisstände und Einschätzungen unter großem Handlungsdruck in emotional aufgeheizter Atmosphäre (Trauer, Angst, Wut) plötzlich aufeinandertreffen. Das muss ja knallen.

Nehmen wir dies doch gleich zum Anlass, einen Ausflug in das weite Feld der Geschwisterbeziehung zu unternehmen.

Wenn wir alle Geschwister in den Helferkreis eintragen, spielt neben Unterschieden bei zeitlichen Ressourcen und räumlicher Nähe - der eine wohnt nebenan, die andere im Ausland - auch die persönliche Nähe eine Rolle. Aus den verschiedensten Gründen haben wir unterschiedliche persönliche Bindungen zu unseren Eltern. Auch das hat mit Rollen und Werten zu tun - vielleicht repräsentiert eines der Geschwister diese in besonderem Maße. Von manchen Müttern besonders geschätzt sind Söhne in der Beschützerrolle, vor allem wenn deren gebrechlich werdende Väter die Rolle nicht mehr so ausfüllen können wie früher. Oder Töchter in der Rolle einer vertrauten Freundin, mit der man über alles reden kann. Von manchen Vätern geschätzt sind Töchter in der Rolle der kundigen Krankenschwester, die ihre Beschwerden lindern, wenn auch nicht heilen kann. Oder Söhne, denen man den Staffelstab zur eigenen Entlastung weitergeben kann. Das sind Konstellationen, die man für ein vertrauliches Gespräch hervorragend nutzen kann. Manchmal ist eines der Geschwister einfach die Person der Stunde. Wie bei Thomas und seiner depressiven Mutter: Sein Besuch war ja eigentlich ein prima Ansatz, auch wenn die Aktion dann nicht wunschgemäß verlief. Vielleicht hätte er einfach nachfassen sollen – oder regelmäßig wiederkommen. Ein Besuch alle zwei Monate, ohne Pubertierchen, und auch mal kurz bei der Nachbarin vorbeischauen. Oder sie auf einen Kaffee zu dritt einladen.

Der große Störfaktor auf dem Gebiet der Geschwisterkooperation ist Neid, der in der Kindheit entstand. Differenzen in den Ansichten und Lebensweisen sind meist gar nicht das Problem, sie könnten mit Toleranz und Respekt überbrückt werden. Wenn sich jedoch einzelne Geschwister gegenüber den anderen von jeher zurückgesetzt fühlen, dann wird es spätestens beim Erben knallen, oder bei der Verteilung von Pflegekosten und -aufwand. Also, verstrittene Geschwister und Kontaktabbrüchler, Ihr müsst Euch ja nicht lieben. Aber wenn Ihr von Euren Eltern verlangt, tapfer in die Zukunft zu sehen, wie steht es denn mit Euch? Könnt Ihr Euch zumindest einen Weg des kontrollierten, begrenzten Kontakts vorstellen, im Interesse Eurer Eltern? Quasi geteilte Kindschaft, wie nach elterlichen Trennungen, nur eine Generation aufwärts.

Auch hier der Hinweis: Man muss nicht jede Leiche aus dem Keller ans Licht zerren. Vorwürfe wie: »Mutter hat dich immer vorgezogen!« gehen zudem an die falsche Adresse. Denn es liegt in der Verantwortung von Eltern, ihre Kinder fair zu behandeln. Kinder reagieren darauf interessengeleitet, aber eben als Kinder. Und selbst wenn Ungerechtigkeit geherrscht hat, was erwarten wir heute? Sollen Bruder oder Schwester aus Schuldgefühlen heraus Jahrzehnte später die Fehler der Eltern wiedergutmachen, indem sie sich stärker für deren Betreuung engagieren? Oder sollen sie uns als Kompensation ihr Erbteil überlassen? Das wäre ziemlich schräg und ist sicherlich keine erwachsene Herangehensweise.

Wenn es uns dennoch sehr am Herzen liegt, mit unseren Geschwistern Vergangenes zu klären und wir dies als Voraussetzung für eine gelingende Geschwisterkooperation betrachten, dann hat eine Klärung dieser Störungen Vorrang.[59] In diesem Fall sollten wir diese Probleme aber auch in der Vergangenheitsform ansprechen: »Weißt du, dass ich als Kind immer gedacht habe, die Eltern hätten dich lieber als mich, weil du immer so gute Noten hattest?« Oder: »Als Jugendliche fand ich, dass du viel hübscher warst als ich. Alle Jungs wollten mit dir gehen.« Mit ziemlicher Sicherheit werden unsere Geschwister *nicht* darauf antworten: »Stimmt. War auch so.«. Eher wird die Antwort so ausfallen: »Ehrlich? Ich fand mich überhaupt nicht hübsch. Und die richtig coolen Jungs, mit denen ich gehen wollte, haben sich eher für dich interessiert...« Wie so oft im Leben ist vieles eine Frage der Perspektive.

Zurück zu meinem Nachbarn Martin: Es gäbe auch die Möglichkeit, sich bei den anderen Bewohnern des Hauses umzuhören. Sind die Eltern einverstanden, wenn man die Nachbarn im zweiten Stock mal fragt, ob es ihnen etwas ausmachen würde, einen Ausruh-Hocker neben ihr Schuhregal an der Wohnungstür zu stellen? Überhaupt, wie ist eigentlich der Kontakt der Eltern zu den Nachbarn im Haus? Wäre es nicht beruhigend, wenn einer von ihnen einen Schlüssel hätte und angerufen werden kann, wenn man die Eltern telefonisch nicht erreichen konnte? Vielleicht haben die Eltern längst damit begonnen, intensivere Nachbarschaftskontakte zu pflegen und nehmen im Gegenzug täglich Online-Shopping-Pakete für die Berufstätigen im Haus an. Fragen Sie Ihre Eltern gezielt danach, ob ein solches Netzwerk bereits vorhanden ist, an welchen Stellen es ausbaufähig wäre oder ob es überhaupt erst geknüpft werden muss.

Neben diesen privaten Netzwerken ist in den letzten Jahren ein großes Angebot an professionellen und ehrenamtlichen Hilfsangeboten entstanden. Alle Kommunen beschäftigen heutzutage Seniorenbeauftragte, zu deren Hauptaufgaben die Multiplikatorfunktion für solche Informationen zählt. Auch die kostenlosen, über Werbung finanzierten »Wochenblättchen«, die in Briefkästen verteilt werden, können eine wertvolle Informationsquelle sein, zumal sie von älteren Leuten sehr gern gelesen werden. Auch wenn Sie selbst im Normalfall andere Medien nutzen: Tun Sie es Ihren Eltern nach, greifen Sie sich beim nächsten Besuch das herumliegende »Wochenblättchen«, und wenn Sie etwas Interessantes entdecken, reden sie darüber! Für weitergehenden Informationsbedarf sind am Ende dieses Buches einige Adressen und Weblinks zusammengestellt. Warum nicht mal einen Abend für eine solche Recherche reservieren?

Bindung: nicht nur für kleine Kinder

Wer in Deutschland einen Sozialberuf erlernt, begegnet über kurz oder lang der sogenannten Bindungstheorie über enge Beziehungen zwischen Menschen. Sie besagt, dass Neugeborene eine spezielle Beziehung zu den Erwachsenen entwickeln, zu denen sie in ihren ersten Lebensjahren intensiven Kontakt hatten. Der britische Kinderpsychiater John Bowlby begründete diese Theorie 1969 mit seinem Buch »Bindung und Verlust«[60], in dem er beschrieb, dass Neugeborene einem biologisch festgelegten Verhaltensprogramm folgen, »Bindungsverhalten« genannt. Sie lächeln ihre Bezugspersonen schon ab der sechsten Lebenswoche an, was bei den Adressaten bekanntermaßen Entzücken auslöst. Bei Angst oder Schmerz beginnen sie zu schreien, klammern sich an den Bezugspersonen fest oder suchen deren Nähe und lösen hierdurch Schutzverhalten aus. Auf diese Weise entwickelt sich Bindung. Auch Primaten zeigen dieses genetisch vorgeprägte Verhaltensprogramm, wie Bowlbys Kollege Harry F. Harlow an Rhesusaffen zeigen konnte.[61]

Werden die Bindungswünsche abgewiesen, verstärkt sich das Bindungsverhalten der Kleinen, sie klammern und schreien noch stärker. Werden dagegen Nähe und Körperkontakt zur Bindungsperson hergestellt, flaut das Bindungsverhalten ab. Bindung entwickelt sich in den ersten zwei bis drei Lebensjahren. Ein »sicher gebundenes« Kind zeigt in der Nähe einer Bezugsperson Erkundungsverhalten, das heißt, es sucht seine Umgebung nach interessanten Dingen ab. Dies ist eine immens wichtige Voraussetzung nicht nur für das Lernen, sondern im späteren Verlauf für eine positive Einstellung bzw. zufriedenstellende Beziehungen zu anderen Menschen.

Die kanadische Kinderpsychiaterin Mary Ainsworth entwickelte dazu einen Test, den »Fremde-Situations-Test«[62], in dem unter standardisierten Bedingungen beobachtet wird, wie ein Kind reagiert, wenn plötzlich eine ängstigende Situation auftritt. Ist ein Kind sicher gebunden, so sucht es seine Bezugsperson. Wenn diese in den Raum kommt, lässt es sich rasch beruhigen. Unsicher gebundene Kinder lassen sich hingegen schwer beruhigen oder reagieren abweisend, gleichgültig oder mit stereotypem Verhalten.

Die Bindungstheorie ist in unserem Zusammenhang insofern interessant, als sie die Asymmetrien des Eltern-Kind-Verhältnisses erklärt. Die Kleinen spulen ein – für sie lebenswichtiges – Programm ab, und zwar bei jedem beliebigen Menschen, der sich um sie kümmert. Das Programm ist, wie auch das Äußere des Babys (das Kindchenschema), gezielt darauf ausgerichtet, bei Erwachsenen größtmögliche Zuwendung auszulösen. Da das Gehirn von Kleinkindern jedoch noch nicht ausreichend entwickelt ist, werden alle Erlebnisse bis zum dritten, vierten Lebensjahr vergessen: all die Schmusereien, die Schlaflieder, das nächtliche Weinen und Getröstet-Werden. Auch wer genau sich damals um sie gekümmert hat. Studien zum Wechsel von Bezugspersonen zeigen: Es ist nicht entscheidend, *wer* den Job übernimmt, sondern *dass* ihn jemand übernimmt, der verlässlich verfügbar ist und feinfühlig auf die Bedürfnisse der Kinder eingeht. Ob Mutter oder Vater, Oma oder Kita-Erzieherin, ist dabei zweitrangig.

Ganz anders sieht die Sache aus Sicht der Eltern aus.

Schon beim ersten Lächeln des Säuglings sind sie der Auffassung, sie ganz persönlich seien gemeint. Sie genießen das unendliche Vertrauen des Babys, das sich an sie kuschelt. Sie schütten Unmengen des Bindungshormons Oxytocin aus, übernehmen höchstpersönlich die Betreuung und erfüllen damit den Zweck des genetischen Programms der Kleinen.[63] Anders als die Babys können sie sich später an diese innigen Augenblicke erinnern, sie werden zu Highlights ihres Lebens. Auch wenn Menschen später an Demenz erkranken und das meiste vergessen – viele spielen die Glücksmomente, die sie mit ihren Kindern erlebt haben, mit Puppen nach. Dass sie gleichzeitig die inzwischen erwachsenen Kinder nicht mehr wiedererkennen, ist eine andere Geschichte.

Die meisten Eltern verfallen ihren Babys und werden sich, solange sie leben, an dieses überwältigende, zärtliche Gefühl erinnern, das durch ihr Kind ausgelöst wurde und das von einem maximalen »Machtgefälle« geprägt ist: Ein Säugling ist allein absolut hilflos, die Eltern haben sein Überleben und sein Wohlbefinden komplett in ihrer Hand. Dieses Gefühl bleibt erhalten, selbst wenn sich das Elternpaar trennt. Für viele von uns zählt es zu den stärksten Gefühlsmomenten unseres Lebens, und deshalb bleibt es bestehen, auch wenn die Geistesschärfe nachlässt und die einstigen Kinder längst eigene haben. Deshalb bleiben wir die Kinder unserer Eltern, solange sie leben.

Verständlich also, dass es vor allem aus Sicht der Eltern eine komplett abstruse Verdrehung dieser prägenden Erfahrung ist, wenn sich dieses Verhältnis von Macht und Hilflosigkeit plötzlich umdreht. Obwohl, wenn man es mal evolutionsbiologisch betrachtet, die eigentliche Macht in den Händen der Babys liegt, die ihr Programm, dem die Eltern hilflos und hormongesteuert erliegen, durchziehen. Aber so sehen sie das natürlich nicht – darin besteht ja der Trick.

Um-Bindung – aber wie?

Für erwachsene Kinder älterer Eltern bräuchten wir eine »Um-Bindungstheorie«, die erklärt, wie eine solche Umkehrung der Verhältnisse am besten vonstattengeht. Die einen Weg aufzeigt, wie eine neue, sichere Bindungsform gefunden werden kann. Leider gibt es diese Theorie noch nicht. Immerhin gilt Bowlbys Grundannahme, dass Menschen ein angeborenes Bedürfnis haben, enge und von intensiven Gefühlen geprägte Beziehungen zu Mitmenschen aufzubauen, lebenslang.

Was ist der Katalysator für Bindung unter Erwachsenen? Im Internet findet sich unter diesem Stichwort nur der Hinweis auf den Beziehungskiller »Bindungsangst«, aber keine Antwort auf die Frage, wie man als Erwachsener die Bindung zu seinen Eltern unter anderen Vorzeichen neu auflegt. Es bleibt uns also nichts anderes übrig, als auf eigene Faust ein paar Eckpunkte zu formulieren.

Erstens: Bindung braucht Zeit. Beim Wandern, das war ja unser Beispiel, möchte man oft die Zeitvorgaben den eigenen Wünschen anpassen. Sieben Stunden Wanderung, und der letzte Bus vom Ziel zurück zum Quartier geht um 15 Uhr? Mist, denn wenn wir noch eine Stunde Pause einplanen, müssten wir um sieben Uhr morgens losgehen, und das im Urlaub? Nein danke. Dann kommt der Griff in die Trickkiste: Vielleicht schaffen wir die Strecke ja auch schneller, als im Wanderführer angegeben? Oder machen eben nur eine kurze Mittagspause? Theoretisch mag das so klappen, aber vor lauter Hetze geht das Natur- und Gemeinschaftserlebnis dann den Bach hinunter. Etwas Ähnliches passiert, wenn man versucht, menschliche Beziehungen ökonomisch durchzutakten. Im Alter geht ohnehin alles langsamer, wir können von unseren Eltern also nicht erwarten, dass sie mit unserem Tempo mithalten. Und schließlich wissen wir doch auch aus eigener Erfahrung, dass »quality time« nicht zwischen Tür und Angel zu kriegen ist.

Zweitens: Bindung braucht Nähe, nicht umsonst sind Babys Kuschelspezialisten. Nicht jede oder jeder kuschelt auch als Erwachsene/r noch mit den Eltern, aber eins ist klar: Wir haben unseren Eltern einmal sehr nahegestanden. Auch wenn wir uns an die ersten Jahre nicht erinnern können, kamen danach ja noch einige, die uns noch präsent sind. Warum tragen wir nicht mal die Highlights zusammen? Warum schenken wir eigentlich unseren Eltern Erinnerungsbücher à la »Mama, erzähl mal ...«, nehmen uns aber keine Zeit für unsere eigenen Erinnerungen? Machen wir uns ganz für uns selbst einige Kuschel-Notizen:

Kuschel-Notizen

Meine erste Erinnerung an dich:

___

Ein superschönes Kindheitserlebnis:

___

Bei dieser Gelegenheit war ich stolz auf dich:

___

Ich habe rückblickend hohen Respekt davor, dass du …

___

Davon könnte ich mir eine Scheibe abschneiden:

___

Es tat mir früher manchmal weh zu sehen, wie du …

___

Das finde ich an deinem Äußeren besonders schön:

___

Ich streichele besonders gern:

___

Drittens: Nichts schweißt mehr zusammen als gemeinsame Erlebnisse – dies dürfte für alle Altersgruppen gelten. Es muss nicht immer der große Wurf sein. Ein gemeinsamer Blick ins Internet oder in ein Wohnmagazin, um eine neue Tapetenfarbe zu diskutieren, kann ebenfalls ein angenehmes Erlebnis sein. Wir sollten bei unseren Telefonaten und persönlichen Treffen auch auf uns selbst achten, reine Pflichterfüllung macht ja keinen Spaß. Teilen wir Interessen mit unseren Eltern? Wenn wir Fußballfan sind wie unser Vater, dann könnten wir wöchentlich am Telefon die Bundesligatabelle kommentieren oder uns mal gezielt zum Champions League-Finale zu Hause blicken lassen. Wenn wir gern ins Musical gehen wie unsere Mutter, der aber die Fahrt mit Übernachtung in die nächste Großstadt zu beschwerlich ist, warum dann nicht einmal am Wochenende ein Musical auf DVD mitbringen und bei einem Stück Kuchen gemeinsam anschauen? Wenn wir wie unsere Eltern Gartenliebhaber sind, ist Hilfe beim Unkrautjäten, beim Baumschnitt oder Rasenmähen unschlagbar. Balkonbesitzer, Rückenkranke und Jätmuffel können aber auch Pflanzen- und Gartenmöbelkataloge gemeinsam wälzen, eine schöne Gartenzeitschrift durchblättern oder ein paar Zimmerpflanzen gemeinsam umtopfen. Irgendwas geht immer.

Ein wunderbares Arrangement sind regelmäßige Verabredungen. Als vielbeschäftigte Middle-Ager kennen wir das ja: Man kommt viel leichter zusammen, wenn es einen wöchentlichen oder monatlichen Vereins- oder Stammtischtermin gibt. Klingt vielleicht spießig, ist aber praktisch. Wenn die Eltern in der Nähe wohnen: am besten einen fixen Termin in der Woche festlegen. Falls Sie weit entfernt voneinander wohnen oder Ihre sonstigen Verpflichtungen keine regelmäßigen persönlichen Treffen zulassen: ein Telefonat oder Skype-Gespräch an einem bestimmten Nachmittag oder Abend in der Woche ist immens wohltuend und kann irgendwann sogar ein neues ASWI werden.

Bekanntermaßen ist das mit dem Zeit-Haben und Sich-Zeit-Nehmen so eine Sache. Haben wir Zeit übrig? Die meisten von uns würden sagen: Nein. Andererseits haben Marktanalysen ergeben, dass ein durchschnittlicher Erwachsener etwa 1,8 Stunden am Tag in sozialen Netzwerken verbringt.[64] Vielleicht können wir davon etwas in analoge oder telefonische Kontakte zu unseren Eltern umwidmen? Selbst wenn Sie nur eine Stunde am Tag im Netz zubringen, macht das sieben Stunden pro Woche, das ist fast ein ganzer Arbeitstag! Mal ehrlich, da wird doch noch ein bisschen Zeit für das Networking mit unseren Eltern abzuzweigen sein, oder?

Besuche außerhalb des Protokolls

Für diejenigen, die weiter weg wohnen und ihre Eltern vorwiegend zu Weihnachten oder bei Familienfeiern sehen: Vielleicht kennen wir den Alltag unserer Eltern ja gar nicht, sondern denken, sie würden immer noch so leben wie damals, als wir noch im Haus waren. Was essen unsere Eltern heutzutage gerne und wann gehen sie schlafen? Stehen sie immer noch um halb sechs auf oder erst um halb neun? Welchen Radiosender hören sie gern, welche Fernsehsendungen schauen sie sich an?

Lydia schrieb mir in einem Leserbrief, sie habe sich zwei Sommerwochen lang bei ihren Eltern einquartiert. Eigentlich aus eher praktischen Gründen. Nach Bänderriss und Knie-OP habe sie nicht arbeiten können und sich ein wenig erholen wollen: »Mein Sommerurlaub fiel flach, und ihre ebenerdige Wohnung mit Terrasse war für mich mit meinen Krücken mitten im Sommer besser geeignet als meine Dachwohnung in der Stadt!« Dabei machte sie überraschende Entdeckungen: »Ich lernte meine Mutter ganz neu kennen. Früher war sie die Erste, warf uns alle aus dem Bett und schmierte Brote. Heute liegt sie auch mal bis halb neun im Bett, und mein Vater macht das Frühstück mit ganz viel Liebe.« Was ihr auch auffiel: Vor Arztbesuchen waren beide Eltern, sonst eigentlich selbstbewusst und gut organisiert, sehr aufgeregt. »Wenn einer zur Nachkontrolle ging, waren beide schon am Vorabend sehr nervös. Sie stritten herum, schliefen nachts schlecht, und der ganze Tag wurde von dem Arztbesuch bestimmt. Einmal war mein Vater vormittags beim Urologen und danach den ganzen Nachmittag ärgerlich auf sich selbst. Weil er sich vorgenommen hatte, den Arzt etwas zu fragen, es dann aber vor lauter Aufregung vergessen hatte.«

Für Lydia passte das gar nicht zu dem Bild, das sie von ihren Eltern hatte. Die waren inzwischen achtzig, sie selbst war vor dreißig Jahren ausgezogen, hatte lange Zeit im Ausland gelebt und wohnte nun seit zehn Jahren gut 400 Kilometer von ihren Eltern entfernt. Wenn sie an Weihnachten und Ostern zwei Tage mit der ganzen Familie zu Besuch war, hatten sich die Eltern immer komplett auf sie eingestellt. An Weihnachten kam die Gans auf den Tisch und die sieben Sorten Plätzchen, die sie seit der Kindheit kannte. Mit tagelanger Vorbereitung konten die

Eltern punktuell noch die Kraft dafür aufbringen. Erst ihr ungeplanter Sommerbesuch ermöglichte ein Update in Sachen elterlicher Alltag und eine realistische Einschätzung, an welchen Punkten Unterstützung wichtig wäre.

In meiner Antwort auf ihren Leserbrief habe ich Lydia übrigens geraten, ihrem Vater vorzuschlagen, dass sie ihn beim nächsten Mal zur Nachkontrolle begleiten könne. Ihre Antwort: »Mein Vater hat mich total verblüfft! Wir haben telefoniert, auf die Frage hin machte er eine Pause und sagte: ›Nee, Urologe ist Männersache. Wenn, dann mit Kai.‹ Also geht mein Bruder mit.« Auch eine Lösung.

Lieblings-Doc und Medi-Check

Die »Professionellen« haben häufig einen festen Platz im Helferkreis unserer Eltern. Ärzte, Physiotherapeuten, Heilpraktiker – sie alle spielen eine wichtige Rolle in ihrem Ü65-Alltag. Kennen Sie eigentlich den oder die Lieblings-Doc Ihrer Eltern? Nicht? Wenn Sie darüber – wie Lydia – nicht komplett auf dem Laufenden sind, fragen Sie Mutter und Vater doch mal, zu welchem Arzt sie am liebsten gehen. Manche haben bereits eine jahrzehntelange Beziehung zu ihren Behandlern und werden »gemeinsam alt«. Warum nicht mitkommen zum nächsten Termin – Einverständnis vorausgesetzt? Notieren Sie sich am besten vorher, was Sie gerne wissen wollen. Warum der Mutter beim Aufstehen aus dem Sessel öfters schwindlig wird (der Blutdrucksenker?), ob die Leibschmerzen des Vaters weitere Magenspiegelungen nötig machen, ob Herz und Kreislauf mit Saunabesuchen zurechtkommen und, wenn ja, bis wie viel Grad? Wenn Sie einmal anfangen, über das Thema nachzudenken, ergeben sich jede Menge Fragen.

Eine sehr verdienstvolle Sache kann es sein, mal mit den Eltern gemeinsam die ganzen Medikamente durchzugehen und zu klären, zu welchem Zweck oder wie häufig sie eingenommen werden: mehrmals täglich, täglich oder bei Bedarf? Häufig ist da mit den Jahren ganz schön was zusammengekommen. Geben ist seliger als Nehmen, wie es so schön heißt – Ansetzen fällt leichter als Absetzen. Wussten Sie, dass Polymedikation, also die im Alter übliche gleichzeitige Verabreichung mehrerer Medikamente, tödlich sein kann? Laut Medienberichten versterben in Deutschland etwa 60 000 Menschen an den Folgen falsch verschriebener Medikamente.[65] Selbst wenn man diese Zahl für fragwürdig hält, denn der Nachweis ist schwierig zu führen, erhält seriösen Fachpublikationen zufolge jeder zweite über 65-Jährige *mindestens* ein Medikament, das nicht oder nicht mehr benötigt wird.[66]

Teilweise werden Medikamente rein prophylaktisch verschrieben – »prognosehemmend« nennt sich diese Variante der Verschreibung. Sie ist insbesondere in Deutschland verbreitet, mit seinem solidargemeinschaftlich finanzierten Krankenversicherungssystem, in das auch aufgrund der prosperierenden Pharmaindustrie immer mehr einkommensabhängige Beiträge fließen. Begünstigt wird dies, wenn man bei mehreren Fachärzten gleichzeitig in Behandlung ist. Eine Art Inflation also. Besonders häufige Kandidaten inflationärer Verschreibung sind Schlaf- und Abführmittel, Betablocker, Antidepressiva, Angstlöser und bestimmte Diabetesmittel. Hinzu kommt, dass viele Präparate nicht nur heftige Nebenwirkungen haben, sondern mit anderen in Wechselwirkung treten können, was im ungünstigen Fall sogar zur Krankenhauseinweisung führen kann, vor allem durch Stürze.[67]

Falls die Eltern einverstanden sind, könnte man mal die Tablettenpackungen und Beipackzettel zusammensuchen und zum nächsten Arzttermin mitnehmen, um sich beraten zu lassen, was inzwischen wieder abgesetzt werden kann. Möglicherweise werden Ihre Eltern ein paar Pillen haben, von denen sie sich absolut nicht trennen möchten (»Du weißt doch, meine Verdauung ...«). Akzeptieren Sie die Entscheidung, aber reden Sie darüber! Und selbst wenn Sie am Ende nur mit einer bezüglich des »bei-Bedarf«-Schlafmittels zensierten Liste plus zwei Tablettenpackungen ungeklärten Ursprungs und ungeklärten Nutzens zum Arzt gehen, ist das besser als gar nichts.

Übrigens: Bindung zeigt sich besonders deutlich in einer solchen »Challenge«-Situation. Bei Kindern etwa beim bereits erwähnten »Fremde-Situations-Test«. Doch kein Problem, so etwas lässt sich auch für Sie und Ihre Eltern arrangieren. Hier eine kleine Anregung für die Challenge: Abführmittel sind wie erwähnt in der Altersgruppe der über Sechzigjährigen eine häufige Komponente des Tablettencocktails. Ältere Menschen bewegen sich zunehmend weniger und trinken nicht ausreichend – weniger als eineinhalb bis zwei Liter am Tag. Auch deshalb, weil sie nicht so oft zur Toilette gehen möchten. Bewegungsmangel und geringe Flüssigkeitszufuhr tragen zu einer Verlangsamung der Darmbewegungen und zu Schwierigkeiten beim Stuhlgang bei. Zusätzlich können viele Medikamente als Nebenwirkung zu Verstopfung führen. Ein regelmäßiger und leichtfertiger Gebrauch von Abführmitteln hat langfristig nicht zu unterschätzende schädliche

Folgen - zum Beispiel Elektrolytstörungen, speziell Kaliummangel. Der Mangel an Kalium wiederum kann ebenfalls zu Verstopfung führen. Auch chronische Entzündungen der Darmschleimhaut und das »Reizdarmsyndrom« können nach langjährigem, regelmäßigem Gebrauch von Abführmitteln entstehen. Die Medikamente verstärken zudem das eigentliche Problem: Durch die kontinuierliche Einnahme von Abführmitteln werden die Darmbewegungen schwach und der Stuhl nicht mehr ausreichend aus dem Darm befördert. Ein Teufelskreis. Ähnliche Teufelskreise gibt es für Schlafmittel und Angstlöser.

An der Challenge zeigt sich die Bindungsqualität. Wenn die Bindung tragfähig ist, lassen sich Ihre Eltern zumindest auf ein Gespräch mit Ihnen ein. Vielleicht lehnen sie Ihren Vorschlag ab, was ihr gutes Recht ist, sie verschieben oder ändern ihn. Vielleicht beschimpfen sie Sie wie ein Rohrspatz ob dieser Einmischung - im Fremde-Situationstest beschweren sich die sicher gebundenen Kinder ja auch, wenn sie plötzlich mit einer fremden Person dastehen. Aber solange Ihre Eltern Ihren bei passender Gelegenheit offen und freundlich vorgetragenen Vorschlag nicht komplett ignorieren, sollten Sie die Challenge als Erfolg werten!

Talente entdecken

Angenehme, maßvoll fordernde Aktivitäten sind der Königsweg, um psychischen und körperlichen Erkrankungen zu begegnen oder vorzubeugen. Wenn unsere Eltern noch in der jüngeren Altersphase sind und gerade einen »Übergang« wie den Berufsausstieg oder den Umzug aus dem großen Haus in eine kleinere Wohnung hinter sich haben, sollten wir auf Schatzsuche gehen. Welche vergrabenen oder halb aus der Erde ragenden Talente haben unsere Oldies eigentlich? Welche Hobbys haben sie früher betrieben? Arnes Urgroßmutter beispielsweise war als gelernte Schneiderin außerordentlich geschickt in Handarbeiten, nähte und änderte Kleidung und bestickte im Plattstich wundervolle Tischdecken mit Blumenornamenten. Mit Mitte achtzig ließen das Sehen und die Feinmotorik nach, und sie begann in Eigeninitiative mit dem Downsizing. Alle Kinder und Enkelkinder wurden mit Strickaccessoires ausgestattet.

Glücklicherweise (vermutlich hatte sie da selbst ihre Finger drin) gibt es in ihrer Familie eine besondere Wertschätzung gegenüber nützlichen, selbst gemachten Dingen, daher machten alle bereitwillig mit. Sie bekamen superschöne Wollmützen und Schals. Wenn sie Wolle besorgten, Strickmuster fanden und groß genug fotokopierten, nahm die Oma auch Bestellungen an. Wenn etwas nicht ganz so gut gefiel, wurde untereinander getauscht oder auch mal was versehentlich zu heiß gewaschen. Der Clou: Für alle neu ankommenden und zukünftigen Babys der erweiterten Familie strickte sie Höschen. Von der

Sorte, die vor Einführung der Einwegwindel üblich waren. Jedes weibliche Familienmitglied unter dreißig bekam mindestens fünf davon in verschiedenen Farben, mit dem Kommentar: »Ich werde dann ja nicht mehr da sein. Dann könnt ihr sagen, die sind von der Urgroßmutter.« Die Hosen wurden auch bei nicht bestehendem Kinderwunsch dankbar angenommen, denn was zählte, war der liebevolle Gruß in die Zukunft. Selbst pubertierende Enkelinnen schnallten, »was Phase war«, und versicherten, sie für die Aussteuer aufzubewahren. Und aufbewahrt wurden sie!

Mindestens eine Hose haben alle noch als Andenken an die Oma irgendwo liegen. Wer keine Pampers verwendete, nutzte die Höschen ganz im Sinne ihrer Erstrickerin. Die war übrigens recht fortschrittlich: Ein vorwitziger männlicher Enkel, der Gleichberechtigung einforderte, bekam ebenfalls einen Satz Babyhosen. Ob Mann oder Frau - wer klug ist, sorgt vor, dachte die Oma. Wobei wir wieder bei den Werten wären.

Bindung lebt von gemeinsamen Werten und *positiven* Erlebnissen. Daher sind die besten Aktivitäten die, an denen wir uns beteiligen. Wenn wir ein Instrument spielen oder singen und unsere Eltern ebenfalls, dann sollten wir das regelmäßig tun, nicht nur unter dem Weihnachtsbaum oder zum Geburtstag. Ältere Herren haben manchmal ihre musikalischen Talente jahrzehntelang hinter Beruf und Familie zurückgestellt. In Hannes' Familie zum Beispiel wurde für den Opa mangels Seniorenclub-Musikgruppe auf dem Land zu Hause ein Hohner-Akkordeon angeschafft, weil er früher immer auf Feiern zum Tanz aufgespielt hatte. Er war stolz darauf, eine so tolle Quetsche hatte er sich früher nicht leisten können, und er nahm die

Herausforderung an. Trotz schlechter Augen und in anderen Bereichen nachlassenden Gedächtnisses fanden die Finger die Tasten und Knöpfe. Da es ihm schwerfiel, selbst Lieder auszusuchen, wurde sein Repertoire auf eine Schiefertafel geschrieben. Bei Nennung des Titels legte er voll Elan los. »Hoch auf dem gelben Wagen«, »Kein schöner Land« und »Im Frühtau zu Berge« – eine Quelle der Freude in seinem Alltag und das Highlight jeder Familienfeier, bis kurz vor seinem Tod.

Wer Literatur und Gedichte liebt, aber wegen der Augen Mühe mit dem Lesen hat: Wie wäre es mit einem Hörbuch, dem man gemeinsam lauscht und über das man anschließend diskutiert? Wenn die Eltern körperlich noch ganz rüstig sind, vielleicht gerade erst in Rente gegangen sind und nicht so recht wissen, wohin mit der vielen Zeit: Fragen Sie nach den Dingen, die sie gerne gemacht haben, bevor Sie auf die Welt kamen. Vielleicht gingen sie regelmäßig zum Schwofen? Perfekt! Tanzen ist erwiesenermaßen eine Aktivität, die auch positive Auswirkungen auf die *geistige* Fitness hat![68]

Wer seine Eltern gern berührt, jedoch seit dem Abschlussball oder der eigenen Hochzeit nicht mehr mit Mama oder Papa getanzt hat, für den gibt es vielleicht noch was zu lernen. Lassen Sie sich den Walzer linksrum zeigen, den Schmittchen-Schleicher-Schritt beim Tango oder das Kniewackeln beim Boogie-Woogie – solange es noch geht!

Nicht jeder möchte auf die Bühne, manche lieber in den Werkzeugschuppen. Einer meiner Großonkel drechselte als Pensionär Stuhlbeine und Massagerollen, ein anderer konnte Stuhlgeflecht erneuern – eine aussterbende Kunst. Einer baute und bemalte kleine Kästchen mit Vögeln und Blumenmotiven, die er dann netten Damen jeden Alters im Bekanntenkreis schenkte. Kästchen braucht man immer! Auch hier stieg im Laufe der Zeit die Nachfrage, denn die Damen kamen auf den Trichter, die Kästchen als Mitbringsel oder Geschenkverpackung zu verwenden. Deshalb musste er die Produktion steigern und die Besuchshäufigkeit der Damen stieg auf angenehme Weise, inklusive der Zigarrengeschenke aus Dankbarkeit.

Man könnte unzählige weitere Möglichkeiten nennen – entscheidend ist eigentlich nur, dass früher ein Talent, eine Fertigkeit oder eine Leidenschaft vorhanden war, die aufgegriffen und ein wenig an die neuen Verhältnisse angepasst wird. Und dass andere es gut finden, Freude daran oder Nutzen davon haben. Dann macht es erst richtig Spaß, weil es ein Gebrauchtwerden vermittelt, wo man doch gerade daran immer mehr zweifelt.

Für die Basics sorgen

Wenn unsere Eltern schon in der Phase des älteren Alterns sind und der Aktionsradius merklich kleiner geworden ist, dann geht es nicht mehr um die Reaktivierung von Hobbys, sondern um die Erhaltung des Status quo – so trivial es uns erscheint, es geht um die Grundbedürfnisse. Manchmal merken wir viel zu spät, dass für diese Basics nicht ausreichend gesorgt ist. Dies ist ja auch das diametral Entgegengesetzte zu früher, als unsere Eltern dafür sorgten, dass *wir* genug zu essen, zu trinken, ausreichend Schlaf und Zuwendung bekamen.

»Trinken, trinken, trinken!« Bereits in mittleren Jahren bekommen wir dies immer wieder zu hören. Trinken ist gesund, hält schlank und jung. Ü75 tritt jedoch verstärkt die Wüstenregel in Kraft: Von allen Mangelerscheinungen hat Flüssigkeitsmangel die weitreichendsten Folgen. Ältere Menschen vergessen häufig das Trinken oder vermeiden es, um nachts weniger oft wegen Harndrang zu erwachen, manche fürchten auch Schmerzen beim Wasserlassen. Abführmittel, die Nebenwirkungen anderer Medikamente und natürlich Hitze verstärken die Gefahr einer Dehydrierung. Im Extremfall führt dies zu Nierenfunktionsstörungen und zu deliranten Zuständen, insbesondere bei Menschen, die bereits unter einer Demenz leiden.

Machen Sie ein ASWI daraus: Bringen Sie bei jedem Besuch ein (nicht-alkoholisches) Lieblings- oder Überraschungsgetränk mit oder holen Sie das entsprechende Getränk aus dem Vorratskeller. Öffnen Sie es, schenken Sie ein, verzichten Sie auf das bescheidene »Ich möchte dir nichts wegtrinken«, und stoßen Sie gemeinsam damit an. Gemeinsam bechern macht mehr Freude, selbst wenn es ein Getränk »ohne Umdrehungen« ist! Beim Toilettengang können Sie Mutter und Vater dann gleich auch noch unterstützen, bevor Sie wieder gehen. Selbst wenn Sie nicht aktiv eingreifen müssen, oft reicht schon das Gefühl, dass noch jemand im Haus ist, für alle Fälle.

Essen ist ein weiteres Thema, das Sorgen bereiten kann. Es macht weniger Spaß zu kochen, wenn man allein ist, mal ganz abgesehen von den beschriebenen Riech- und Schmeckverlusten oder Verdauungsproblemen. Nicht jeder hat die Energie, dies täglich für sich selbst zu tun, und so kann sich eine schleichende Mangelernährung einstellen. Es ist ein Leichtes, um die Essenssituation neue

ASWIs zu stricken: Die Eltern einmal in der Woche zum Essen abholen oder ausführen. Oder mit ihnen gemeinsam kochen. Wer Geschwister hat, kann sich abwechseln, die Aufgabe untereinander aufteilen.

Wenn alle Kinder (oder Sie als Einzelkind) weit weg wohnen, überlegen Sie doch, wer aus dem Umfeld Ihrer Eltern Zeit und Interesse haben könnte. Es gibt kluge Arrangements: Der Nachbar bringt donnerstags einen gegrillten Broiler vom Wochenmarkt mit, und der Vater bezahlt ihn. Ein ganzes Hähnchen kann keiner mehr alleine essen, und das Tischdecken und Spülen erledigen die alten Herren gemeinsam. Es gibt auch regelmäßige Mittagsangebote in Senioren- oder Stadtteiltreffs oder in Einrichtungen der Kirchen und Wohlfahrtsverbände, wo man z. B. einmal pro Woche Eintopf essen gehen kann, Unterhaltung inklusive. Wer alleinstehend und nicht mehr mobil ist und sein Essen nicht selbst zubereiten kann, für den ist vielleicht der Aufenthalt in einer Tagesstätte ein bis zwei Mal pro Woche ein gutes Arrangement. Wenn Ihre Eltern dies zunächst ablehnen, versuchen Sie herauszufinden, warum. Wenn Eintopf nach Armenspeisung klingt, kann der Besuch durch eine Spende in eine ehrenamtliche Tätigkeit umgewandelt werden: Wenn Muttern essen geht, zahlt sie für zwei bedürftige Esser mit. Vater geht nur donnerstags in die Tagesstätte, denn da ist Musikgruppe, und er spielt die Mundharmonika.

Für die Ernährung der Kinder wird stets großer Aufwand betrieben – warum nicht auch mal die Ernährung der Oldies aufpeppen? Zu Studienzeiten bekamen wir bei Stippvisiten zu Hause oft eine Tupperdose mit Frikadellen oder Rouladen mit auf den Rückweg, Sie auch? Was spräche jetzt dagegen, den Behälter beim Besuch der Eltern mal den umgekehrten Weg gehen zu lassen, mit einem lockeren Spruch garniert? »Jetzt bist du mal dran mit der Tupperdose, Papa! Dann hast du morgen schon gekocht.« Wenn Ihre Eltern Gedächtnisstörungen haben: Kleben Sie ein großes Etikett darauf, »Gulasch von Chefkoch Karsten, Oktober 2017, guten Appetit!« Und malen Sie ein Herzchen daneben, das steigert den Appetit. Sie mögen das im ersten Moment banal finden, aber solche kleinen Dinge können eine große Wirkung entfalten.

Ein weiterer wichtiger Punkt ist Körperkontakt: Jeder, der pflegt, weiß um dieses elementare Grundbedürfnis. Doch nicht in jeder Familie ist Küssen, Streicheln und Umarmen üblich – und manchmal ist einem auch nicht danach, jemandem plötzlich so nahe zu kommen. Tatsächlich gibt es viele kleine Gelegenheiten für Körperkontakt: ein Händeschütteln zur Begrüßung können wir intensivieren, indem wir noch mal kurz mit der anderen Hand über den Handrücken unseres Gegenübers streicheln. Wir können, wenn wir gerade da sind, beim Kämmen, Haare aufdrehen oder Nägel lackieren helfen und – gerade unter Männern – beim Rasieren! Warum nicht mal eine schicke Nassrasur? Nicht nur weil es mal dran ist, sondern weil es Spaß macht, das Selbstbewusstsein hebt und neben dem pflegenden Effekt Körperkontakt ermöglicht. Wenn sich die Eltern noch ganz gut allein behelfen können oder wenn sie oder wir selbst solcherlei Direktkontakt als unpassend empfinden würden, warum nicht mal ein gemeinsamer Besuch im Nagelstudio oder beim Herrenfriseur? Falls möglich, bleiben dabei Mädels und Jungs unter sich. Und falls danach noch Zeit und Kraft übrig ist: ab ins Straßencafé, die Wirkung testen.

Massagen, Ergo- und Physiotherapie sind weitere Gelegenheiten, bei denen die Möglichkeit besteht, in professionell begrenzter Weise Körperkontakt zu erfahren. Viele Menschen haben ein intensives, über Jahre gewachsenes Verhältnis zu ihren Physio- oder Ergotherapeuten oder Masseuren. Es sollte an dieser Stelle voller Respekt erwähnt werden, wie viel professionelle Beziehungs- und »Berührungsarbeit« neben dem eigentlichen therapeutischen Auftrag in solchen langfristigen Therapien geleistet wird. Oft entspricht das Geschlecht der Therapeuten der sexuellen Präferenz, und daran ist nichts Verwerfliches. Solange die Grenzen des professionellen Behandlungsvertrags eingehalten werden, macht es den Kontakt angenehmer. Hüten Sie sich vor anzüglichen Kommentaren, die – vor allem bei Müttern – destruktiv wirken können, weil sie die Unbefangenheit verlieren und sich zu schämen beginnen. Agieren Sie lieber konstruktiv: Selbst wenn das Rezept demnächst ausläuft und der Arzt einer Verlängerung nicht zustimmt, überlegen Sie gemeinsam, ob nicht auch eine Fortführung der Therapie auf eigene Kosten möglich wäre.

Quality Time

Bindung braucht Verbindlichkeit. Das Tolle an menschlichen Beziehungen ist, dass es nicht auf die Dauer des Kontakts ankommt, sondern auf Regelmäßigkeit und vor allem auf die persönliche Bedeutung. Eine Arbeitsgruppe um die Epidemiologin Laura Fratiglioni am Karolinska

University Hospital in Stockholm fand im Rahmen einer riesigen Langzeitstudie heraus, dass das Demenzrisiko der älteren Studienteilnehmer, vermutlich vermittelt über deren Lebensqualität, nicht mit der Dauer oder wöchentlichen Häufigkeit von Kontakten zu Verwandten, sondern mit der empfundenen *Qualität* dieser Kontakte zusammenhing.[69] Das ist doch eine wundervolle Nachricht, oder? Vorausgesetzt, wir haben ein gutes Verhältnis zueinander und wissen, dass wir persönlich geschätzt werden, müssen wir uns also nicht permanent auf der Pelle hocken.

Experten in Quality Time sind Väter, die von der Mutter ihrer Kinder getrennt leben und nur zu bestimmten Zeiten mit diesen zusammen sind. Da 40 Prozent der Ehen heute geschieden werden und davon die Hälfte minderjährige Kinder hat, sind diese 20 Prozent der Teilzeit-Eltern also optimal vorbereitet. Teilzeit-Väter und Teilzeit-Mütter wissen: Es kommt nicht nur darauf an, wie lange man zusammen ist, sondern dass man eine gute Zeit miteinander hat.[70] Dass man neben den Alltagsverrichtungen Dinge tut, die Spaß machen, und dass man sich nahekommt, wenn's sein muss auch beim Streiten. Allerdings wissen sie auch, dass das Ködern mit Highlights auf Dauer nicht funktioniert. Und dass man ein feines Gespür dafür entwickeln sollte, ob eine Aktivität wirklich gewünscht ist oder die vermeintlich Beglückten nur aus »Pflichtbewusstsein« mitmachen. Dafür, dass sich Bedürfnisse verändern und die alten Sachen dann plötzlich keinen Spaß mehr machen. Sie wissen auch, dass immer mal etwas dazwischenkommen kann und man den Humor bewahren sollte, wenn man mit all seinen schönen Plänen am Ende allein dasitzt.

Solche eigenen familiären Erfahrungen können wir auch in den Umgang mit anderen Erwachsenen, respektive unseren Eltern einfließen lassen. Dank der Peak-End Heuristik können selbst niederfrequente schöne Erlebnisse zu tollen Erinnerungen werden. Also, Wochenendpapas und temporäre Rabenmütter, Ihr seid perfekt vorbereitet für die Quality Time mit Euren Eltern!

Viele erwachsene Kinder kommen auf die Idee, einen gemeinsamen Urlaub zu planen – als Highlight, solange es noch geht. Es kann ein sehr schönes Erlebnis sein, einen lang gehegten Traum zu verwirklichen oder auch an die Stätten der Kindheit zurückzureisen und sich alles zeigen zu lassen. Aber nur, wenn man weiß, dass man sich nicht schon nach kurzer Zeit auf den Wecker geht.

Wenn schon bei Tagesausflügen zwischen den Generationen die Luft zu knistern beginnt, ist ein Zusammensein rund um die Uhr keine gute Idee. Das muss uns jedoch keine Schuldgefühle bereiten – wir haben sicher auch gute Freunde, mit denen wir uns gern und oft treffen, mit denen wir aber nicht in Urlaub fahren würden, weil die Interessen oder das Tempo nicht zusammenpassen. Der eine will Sightseeing, der andere an den Strand: Dann fährt man besser nicht gemeinsam, sondern sucht jemanden, der besser passt. Auch sollte man so einen Urlaub nicht mit Erwartungen überfrachten. Wie bei Nora, die ihre Mutter zu einer Woche Christmas Shopping nach New York einlud, woraufhin diese dann so ein anstrengendes Sightseeing-Programm zusammenstellte, dass alle noch bis weit über Weihnachten hinaus an Bronchitis und Entkräftung litten ... Am besten, man macht erst mal gar kein Programm und geht die Reise locker an.

Familienfeiern fallen in eine besondere Unterabteilung von Quality Time. Feiern sind Kristallisationspunkte. Man kommt an einem Ort zusammen, kann Vergleiche zu früheren Anlässen ziehen und muss sich bei der Vorbereitung entscheiden, mit wem und in welchem Rahmen man feiern möchte. Es gibt Leute, die niemals feiern, andere tun das jedes Jahr, wieder andere fahren an ihrem runden Geburtstag in den Urlaub, um Stress zu reduzieren. Manche feiern mit 75 goldene Hochzeit in der Kirche, andere den 75. Geburtstag mit Jazzband in der Stadthalle.

Wenn sich Depressionen und Demenz im Leben unserer Eltern breitmachen, merken wir das häufig an ihrem Umgang mit anstehenden Familienfesten. Eigene Feiern sollen kleiner werden, zu Feiern anderer Leute wird nicht mehr so gern hingegangen. Man fühlt sich überfordert, möchte peinliche Situationen und Gerede vermeiden. Schade, denn solche sozialen Situationen sind immens wichtig, auch für das Aufrechterhalten geistiger Funktionen. Kaffeeklatsch ist kognitive Aktivierung!

Über anstehende Geburtstage denken unsere Eltern meist lange im Voraus nach. Wir sollten ebenfalls »proaktiv« tätig werden und nicht erst warten, bis sie den Plan schon fertig in der Tasche haben. Eine frühe Nachfrage - »Was möchtest du eigentlich an deinem Geburtstag machen?« - verschafft Zeit zum Überlegen, Klarheit unter den Beteiligten und Gestaltungsspielraum, zum Beispiel bei nötigen Reservierungen. Auch bei der Gästeliste haben das Vorschlagsrecht natürlich die Einladenden. Aber wenn man früh genug dabei ist, kann man sich Aufgaben aufteilen oder in Ruhe überlegen, welche Art von Feier der momentanen Situation und den Wünschen am meisten entspricht. Keinesfalls sollten wir unseren Eltern unsere eigenen Vorstellungen überstülpen – »carpe diem« und »Feste feiern, wie sie fallen« kann mit achtzig ganz anders aussehen als mit fünfzig. Nur weil wir glauben, ein rauschendes Fest sei toll, müssen sie das nicht genauso sehen. Mal sehen, wie wir in dem Alter selbst drauf sind …

KAPITEL 6
DIE WICHTIGSTEN STOLPERFALLEN

Vielleicht ist es jetzt an der Zeit, ein wenig innezuhalten. Auch mit den besten Absichten und persönlichen Voraussetzungen werden wir einige Ideen nicht umsetzen können. Wir werden an bestimmten Stellen auf Granit beißen, wie es so schön heißt. Das ist nun einmal so, weil sich menschliche Beziehungen nicht von einer Seite nach Wunsch steuern lassen. Und weil wir alle unsere Vergangenheit im Gepäck mitschleppen. Das Granitbeißen ist, um es vorwegzunehmen, normal. Genauso normal ist es, dass uns selbst einiges danebengehen wird. Dass wir manche Klippen nicht elegant umschiffen werden. In diesem Kapitel sind die häufigsten »Stolperfallen« zusammengetragen. Ohne Anspruch auf Vollständigkeit, einfach als kleiner Trost, dass es allen so ergeht. Vielleicht hilft es auch dabei, die Flinte nicht gleich bei der ersten Krise ins Korn zu werfen.

Bevor es mit diesen Stolperfallen losgeht, möchte ich noch auf drei Irrtümer hinweisen. Oder sagen wir besser: auf drei Fehlannahmen, die wir allzugern übernehmen. Weil wir es uns nicht ganz so schwermachen möchten, wenn etwas aufgedeckt wird, das stark verbesserungswürdig erscheint, sich aber einer einfachen Lösung entzieht.

Irrtum Nr. 1: Dass allein das Wissen um eine Problematik uns schon einer Lösung nahebringt. Weit gefehlt. Wissenschaftlich nicht belegt. Wir können uns eingehend mit den lange unterschätzten traumatischen Erfahrungen oder der mangelnden Bindungsfähigkeit der Kriegsgeneration auseinandersetzen. Wir können treffende Oberbegriffe finden für die Unfähigkeit zu trauern, die bis in die Enkelgeneration nachwirkt. Für den Nachkriegs-Materialismus, für die Entfremdung von der Herkunftsfamilie samt Verlust von Sprachdialekten und Regionalidentitäten. Solange wir uns auf einer rein analytischen Ebene bewegen, ändert sich an der problematischen Situation wenig. Vielleicht fühlen wir uns ein bisschen weniger beunruhigt, weil die genannten Begriffe, das steckt ja bereits im Wort Be-griff, das Problem besser begreifbar machen können. Vielleicht können wir uns mit anderen klarer darüber austauschen. Am Kernproblem, also der Diskrepanz zwischen Ist- und Sollzustand in unserem eigenen Leben, ändert sich nichts. Im Falle unseres persönlichen Umgangs mit der Gebrechlichkeit unserer Eltern gibt es keine öffentliche Institution und keinen Amtsträger, an den wir die Lösung des Problems delegieren können. Problem erkannt, Problem gebannt? Pustekuchen.

Irrtum Nr. 2: Dass das Ausleben von Gefühlen und inneren Konflikten automatisch zu einer Reduktion derselben führt. Sigmund Freud sprach in diesem Zusammenhang von »Katharsis«, dem griechischen Wort für Reinigung. Vor allem das Ausleben von Aggressionen in geschütztem Rahmen, so die Annahme, soll dazu führen, dass sie sich von selbst verflüchtigen. Die sogenannten erlebnisaktivierenden Verfahren in der Psychotherapie basieren teilweise auf dieser Annahme. Inzwischen haben jahrzehntelange Forschungsreihen gezeigt, dass dieser Effekt nicht von Dauer ist.[71] Zumindest nicht in unserer westlichen Kultur – den Schamanismus und Naturvölker mal beiseitegelassen. Klar kann ich mal laut schreien, heulen oder auf den Sandsack hauen. Bei Angst und Trauer lässt sich immerhin feststellen, dass man sich deren Vorhandensein endlich eingestehen kann. Das ist in vielen Fällen schon mal ein Fortschritt, beseitigt aber noch nicht Trauer oder Angst an sich. Beim Ausleben von Aggression, der in dieser Hinsicht meistbeachteten Emotion, tritt mitunter eine zeitweilige Erleichterung ein. Haue ich kräftig auf den Sandsack, dann bin ich hinterher allein deshalb entspannter, weil meine Muskeln ermüden. Aber am nächsten Tag rege ich mich doch wieder auf. Das »hinterher ist mir wohler«-Gefühl ist eine kurzfristige Angelegenheit. Hinzu kommt: Diejenigen, die wir mit unserem ungefilterten Ärger, mit Angst oder Aggression konfrontieren, erschrecken sich, weil sie sich mindestens ebenso sehr vor diesen Gefühlen fürchten und ziehen sich zurück. Damit ist mittel- und langfristig nichts gewonnen.

Viel mehr bringt es, das Eingeständnis unerwünschter, weil »un-braver« oder »uncooler« Gefühle mit ein wenig Umdenken zu verbinden. »Kognitive Umstrukturierung« heißt diese Technik. In der Verhaltenstherapie wird sie therapeutengestützt intensiviert und ist ziemlich wirksam gegen allerlei Störungen der Emotionsregulation.[72] Überlegen wir zum Beispiel, ob das Verhalten, über das wir uns aufregen, wirklich katastrophale Folgen hat oder ein Nebenschauplatz ist. Führen wir uns vor Augen, dass jeder Erwachsene ein Recht auf freie Entscheidung hat, akute Selbst- und Fremdgefährdung mal ausgenommen. Und gestehen wir uns ein, dass an unserem eigenen Verhalten bislang auch nicht alles tipptopp war, vielleicht weil wir von einem »Schweige-Arrangement« oder einem »Nicht-Angriffspakt« profitiert haben. Vielleicht hatten wir auch eine lange, schwere Erkrankung und wurden daher in den vergangenen Jahren mit Samthandschuhen angefasst. Weshalb uns noch heute keiner etwas zumuten mag und die Geschwister der Meinung sind, alles allein schultern zu müssen. Wenn Machtverhältnisse oder Einflussmöglichkeiten über Jahre in Schieflage waren oder Familienmitglieder sich ungerecht behandelt fühlten oder durch Schicksalsschläge unterschiedlich gebeutelt wurden, dann steht dies häufig Veränderungen entgegen. Entweder, weil alle im Club befürchten, dass Veränderungen sie in eine noch schlechtere Lage bringen. Oder weil sie das Bild, das sie lange Zeit nach außen vermittelt haben, damit nicht mehr aufrechterhalten können.

Irrtum Nr. 3: Ältere Menschen sind weiser als jüngere Menschen. Schon Erikson hat, wie beschrieben, die Altersphase mit dem Entwicklungsziel »Weisheit« versehen. Ein Zweig der bereits erwähnten Baltes'schen Theorie erfolgreichen Alterns verfolgt seit den neunziger Jahren den Ansatz, Weisheit messbar zu machen und definierte Kriterien für weise Lebenseinstellungen oder Entscheidungen. Die Arbeitsgruppe um Ursula Staudinger, die empirische, kriteriengeleitete Weisheitsforschung durchführte, konnte dabei zeigen, dass ältere Menschen *nicht generell* weiser sind als jüngere, sondern nur unter bestimmten Bedingungen.[73]

Insbesondere in der Einschätzung eigener Stärken und Schwächen schnitten Ältere sogar schlechter ab als Jüngere – bei ihnen war offensichtlich der Wunsch, durch eine positive Bilanz den Selbstwert zu stützen, oft der Vater des

Gedankens. Bei der Einschätzung anderer oder bei der Beurteilung komplexer Situationen kamen Ältere jedoch häufiger zu abgewogeneren Urteilen. Unabhängig vom Alter konnten nicht einmal ein Prozent der Testpersonen, so schätzten die Weisheitsforscher, uneingeschränkt als weise gelten[74].

Also sollten wir diesen Anspruch weder an uns noch an unsere Eltern stellen. Vielleicht muss man gar nicht weise sein – es würde schon ausreichen, offen gegenüber der Einschätzung anderer zu sein und sich auf die Gegebenheiten einzustellen.

Es geht wie immer um zwei Seiten: Um die anstehenden Probleme lösen zu können, müssen wir uns nicht nur mit der Perspektive unserer Eltern auseinandersetzen, sondern auch mit uns. Welche Motive stecken hinter unserem Handeln, wo decken sie sich mit denen unserer Eltern – und wo weichen sie ab?

Sparen und Horten

Besonderes Konfliktpotenzial birgt in den meisten Familien das Festhalten an Besitz. Das liegt daran, dass sich Werte wie Sparsamkeit und Treue weniger rasch geändert haben als der wirtschaftliche Wohlstand. Früher – und diese Zeit reichte bei einem Teil von uns bis in die Siebziger hinein, bei anderen bis 1989 – waren viele Güter knapp. Da machte es Sinn zu horten und Dinge so lange wie möglich zu verwenden.

Heute leiden wir eher unter Überfluss als unter Mangel.

»Simplify your life«, mit weniger Ballast oder mit nur tausend Gegenständen durchs Leben gehen, das sind unsere heutigen Vorbilder. Aber nicht die unserer Eltern! Deren wiederkehrende Verweise auf den Krieg und die »arme Zeit« können recht zermürbend sein, denn es lässt sich leider nichts daran ändern, dass sie damals diese Erfahrungen machen mussten, die uns erspart geblieben sind. Außerdem ändert es nichts an aktuellen handfesten Problemen, die über das Ästhetische hinausgehen. Beispielsweise, dass die Wohnung so vollgestellt ist, dass man mit dem neuen Rollator nicht durchkommt. Oder dass man über sturzgefährliche Hindernisse oder Treppen steigen muss, um an täglich benötigte Vorräte heranzukommen. Oder dass das Entstauben und Sauberhalten von all dem Kram Zeit, Kraft und Geld kostet.

Mobilitätskosten sind ebenfalls ein großes Thema. Wenn eigenständiges Autofahren nicht mehr möglich ist, dann führt Sparsamkeit häufig dazu, dass die Mobilität eingeschränkt wird, weil das Bezahlen eines Taxis nicht infrage kommt. Rührend, jedoch kaum zu fassen, dass die Eltern dem Enkel jedes Mal einen 20-Euro-Schein zustecken, aber zu sparsam für fünf Euro wöchentliches Taxigeld sind.

Langjährige Erfahrung zeigt, dass es ziemlich aussichtslos ist, die Verlustseite kleinzureden. Wenn fünf Euro viel Geld sind, bleibt es dabei. Die einzige Chance besteht darin, auf den möglicherweise viel größeren Gewinn hinzuweisen, den das Platzschaffen und Geldausgeben bedeuten würde. Frei werdende Mittel durch ein abgeschafftes Auto sind ein Zugewinn an Einkommen. Dieses Argument sowie der Gewinn an Lebensqualität – gepflegtes Aussehen durch einen Friseurbesuch oder angenehme

Gesellschaft beim wöchentlichen Kaffeeklatsch – müssen so überzeugend sein, dass sie die Kosten übertrumpfen.

Wenn Geld kein mit Misstrauen behaftetes Thema ist, bleibt auch der humorvolle Hinweis, dass man auf die fünf Euro beim Erben gern verzichtet oder die Fünf-Euro-Lücke im Fall hoher Pflegekosten zu schließen bereit ist, oder sie bei jedem Besuch in ein Taxisparschwein einzahlt ... Es kann helfen, über die Fadenscheinigkeit mancher Argumente gemeinsam zu lachen.

Geduldsfaden gerissen

Wir werden an bestimmten Punkten anderer Meinung sein als unsere Eltern. Dabei kann es passieren, dass wir das Gefühl bekommen, über längere Zeit hinweg abgeblockt zu werden. Das ist frustrierend, und für den Umgang mit Frustration gibt es meist familientypische Reaktionsmuster. Herausplatzen, Verwünschungen ausstoßend und Türen schlagend die Bühne verlassen ist die eine. Hoheitsvoll lächelnder Abgang, unsere eigene Tür säuberlich hinter uns zuziehen und von innen abschließen eine andere. »Mach doch deinen Sch... alleine.«

Laut oder leise, sie geben sich nichts – schädlich sind beide Varianten. Aber was soll's: wir sind eben keine Engel, und an den Rand unserer Möglichkeiten bringen uns am ehesten die Menschen, die uns nahestehen.

Wenn der erste Ärger verraucht und die kleinen Wunden geleckt sind, dann sind allerdings wir wieder am Zug. Wie haben wir es unseren eigenen Kindern beizubringen versucht? »Gib dem Tom die Hand und sag Entschuldigung.« Wenn wir in einer Beziehung freimütig einen Fehler eingestehen, zieht das Gegenüber meistens nach. Unsere Eltern sind aufgewachsen in einer Zeit, in der es üblich war, schwächeren Familienmitgliedern Gewalt oder Liebesentzug anzudrohen, wenn sie den eigenen Erwartungen nicht entsprachen. Soll heißen: viele von ihnen wurden emotional erpresst. Daher wundern sie sich womöglich nicht einmal, wenn wir diese Mittel einsetzen. Wie alle Eltern wollten sie allerdings vielleicht auch in dieser Hinsicht, dass wir es mal besser haben als sie selbst.

Wenn ihnen dies auch nur ansatzweise gelungen ist, sollten wir trotz aller Ratlosigkeit nicht zum Mittel der Erpressung greifen. Wir kommen nächsten Dienstag wie immer. Und reden darüber, was mit uns selbst passiert ist. Dass wir entmutigt waren und deshalb das Handtuch geworfen haben. Dass wir eigentlich helfen möchten, aber nicht wissen wie.

Viele von uns haben Kommunikationsratgeber im Bücherschrank stehen – die allgemeinen Regeln für förderliche Kommunikation gelten nicht nur für unsere Ehe, für die pubertierenden Kinder, sondern auch für unsere Eltern. Erinnern wir uns an die Inhalte beruflicher Weiterbildungen: Wie kommuniziere ich mit meinen Mitarbeitern? Wie drücke ich meine Wertschätzung aus, auch wenn ich einzelne Kritikpunkte habe? Vielleicht ist etwas Hilfreiches dabei. Wofür haben uns unsere Eltern für teures Geld in die Welt hinausgeschickt, wenn wir dabei nicht ein bisschen was gelernt hätten?

Misstrauen geerntet

Besonders verletzend ist es, wenn uns unlautere Absichten unterstellt werden. Meistens geht es um materielle Bereicherung: »Du willst nur an unser Geld.« Oder um eigennützige Arbeitserleichterung: »Willst du uns etwa ins Heim abschieben?« Manchmal werden diese Vermutungen nicht direkt geäußert, sondern gegenüber Dritten, was noch viel verletzender ist.

Bevor wir uns allerdings komplett beleidigt zurückziehen, sollten wir noch mal ehrlich über unsere Motive nachdenken. Wenn wir materiell von unseren Eltern abhängig sind, regelmäßige Zuwendungen erhalten oder einen bestimmten Erbteil in unsere Zukunft einplanen, sind wir nicht frei in unserem Handeln und Denken. Wir können uns noch so sehr zum familiären Altruismus bekennen, die monetären Fakten werden unser Reden und Handeln immer mit einem moralischen Fragezeichen versehen.

Erwachsensein heißt aber: Ich stehe auf eigenen Füßen. Bevor wir also beginnen, unsere Eltern bei der Wahl von Senioreneinrichtungen unterschiedlicher Preisklassen zu beraten, sollten wir unser Leben so einrichten, dass wir selbst auskommen mit dem, was wir persönlich oder in unserer Gütergemeinschaft erwirtschaften. In der Gegenwart und nach bestverfügbarem Kenntnisstand auch in ein paar Jahren. Zur Not müssen wir unseren Lebensstil ein wenig beschränken. Ganz platt gesagt: Wir können nicht in puncto materielle Güter von unseren Eltern das Loslassen verlangen und es selbst genau andersherum machen. Auch wenn sie uns möglicherweise nicht offen damit konfrontieren werden – eine solche Schieflage werden sie uns im wörtlichen Sinne nicht abkaufen. Es tut im Übrigen – genau wie in Partnerschaften – dem Eltern-Kind-Verhältnis sehr gut, darüber klar zu reden. Wenn wir Kredite laufen haben, zu sagen: Ich habe das jetzt so geregelt, dass die Schulden in zehn Jahren von mir abbezahlt werden können. Oder: Wenn die Geschäfte schlecht gehen, bin ich darauf vorbereitet, das Traumauto oder die Finca auf Malle wieder zu verkaufen. Die besten Eltern-Kind-Verhältnisse sind die, in denen die Eltern sicher sein können: es geht den Kindern nicht um mein Geld.

Die zweite »Keule«, die neben der materiellen gerne ausgepackt wird, ist die Sache mit den Schuldgefühlen. Wenn Begriffe fallen wie »abschieben« oder »loswerden«, ist das sehr verletzend. Selbst die besten Argumente werden nicht auf offene Ohren stoßen, weil es nicht um Argumente geht. Sondern um die tief sitzende Angst, im Stich gelassen zu werden. Dies offen auszusprechen ist schwerer, als mit manipulativen Vorwürfen zu kontern. Auch wenn es Geduld verlangt und manchmal nicht leicht ist: Wir sollten uns ein wenig in die Perspektive unserer Eltern hineinversetzen. Viele von ihnen sind selbst manipuliert worden – in den Unrechtssystemen des 20. Jahrhunderts, die ihre Macht durch Spitzel-Organisationen zu festigen versuchten. Andere, die aufgrund mangelnder Einflussmöglichkeiten auf direktem Wege keine Möglichkeit sahen, ihre Interessen durchzusetzen, haben begonnen, andere zu manipulieren. Speziell Frauen, die ihre Ideen und Wünsche aufgrund der Rollenvorgabe, wie das Veilchen »bescheiden, sittsam und rein« zu sein, nicht durchsetzen konnten, haben in der einzigen verbleibenden Machtposition, als Mütter, begonnen, anderen Schuldgefühle zu machen. Meist spielen sie andere Familienmitglieder gegeneinander aus, verteilen Geschenke, reden übereinander. Es kann also sein, dass das geäußerte Misstrauen Teil des Manipulationssystems ist. Dagegen hilft: Eigene Wünsche und Bedürfnisse klar kommunizieren, keine Vermutungen und Schuldzuweisungen bezüglich abwesender Dritter äußern, keine Geschenke annehmen, deren Umfang über die Geschenke an andere hinausgeht. Um ein solches System zu entdecken und zu ändern, braucht man oft mehrere Jahre, und häufig geht es nicht ohne Beratung oder therapeutische Begleitung von außen.

Veränderung abgelehnt

Manchmal finden wir keine Lösung, weil unsere Eltern keine Veränderung wollen, und sei sie noch so klein. Diese »Verweigerungshaltung« bietet einen guten Anlass für eine Rolle rückwärts: Denken wir zurück an die Zeit, in der es andersherum war. Als unsere Eltern unser Verhalten akzeptieren mussten: unsere Berufswahl, den tollen Job im Ausland, den neuen Lebenspartner, die gefährlichen Reisen ...

Wir sollten ihre Haltung akzeptieren und uns Vorwürfe sparen: »Ich habe verstanden, dass du das jetzt nicht ändern möchtest. Ich bin weiter besorgt, aber ich akzeptiere deine Entscheidung. Sag mir gern Bescheid, wenn sich bei dir etwas ändert.« Das ist vielleicht ungewohnt und klingt ein bisschen psycho. Auf den ersten Blick erscheint es leichter, dagegen aufzubegehren, schließlich haben wir gute Argumente, warum sich etwas ändern sollte. Tatsächlich ist es jedoch hilfreicher, sich vom Kampfmodus zu verabschieden, wenn wir bei einer Sache auf Granit beißen. Einfach die Waffen niederzulegen, denn als solche können unsere Argumente den Eltern leicht erscheinen. Sie fühlen sich bedroht, in die Enge getrieben. Wenn wir hingegen unsere eigene Haltung ändern und uns vom Kämpfen verabschieden können, gibt es weder Sieger noch (gefühlte) Verlierer. Es gibt dann nur noch Weggefährten. Vielleicht sind die Eltern noch nicht so weit, eine Entscheidung zu treffen, aber dann ist jedenfalls die Tür weiterhin offen.

Übrigens: Solche Akzeptanz und Verständnis vermittelnden Aussagen wirken häufig auch dann entspannend, wenn unsere Eltern ein Gedächtnisproblem haben. Selbst wenn die konkrete Aussage vergessen wird, wirkt die versöhnliche Gefühlslage nach.

Nicht mehr erkannt werden

Für viele Angehörige ist es das Schlimmste, plötzlich nicht mehr erkannt zu werden. An der Haustür oder beim Krankenhausbesuch begrüßt zu werden mit: »Wer sind Sie denn?« Das kann passieren, denn manchmal treten geistige Verschlechterungen treppenartig auf. Vielleicht sind Vater oder Mutter nach einem Sturz oder aufgrund von Dehydrierung aber auch nur zeitweise verwirrt. Gerade Alleinstehende erholen sich von solchen Ereignissen oder Ortsveränderungen wie einem Krankenhausaufenthalt nur langsam, denn ihnen fehlt die gewohnte Alltagsstruktur und die Tagesroutine daheim.

Wenn das Verkennen von Dauer ist, befürchten wir, dass schlagartig die ganze gemeinsame Vergangenheit ausgelöscht sein könnte. Keine Frage, diese Phase ist wie ein Abschied vor dem eigentlichen Sterben. Aber geraten Sie nicht gleich in Panik. Gemeinsame Erinnerungen können beim Erzählen wiederbelebt werden – auch wenn dies im Falle einer Demenz nicht dauerhaft sein wird. Wie bereits erwähnt, können sich lichte und dunkle Momente abwechseln.

Wenn Sie eine Generation zurückgesetzt werden (temporaler Gradient) und damit auch eine neue Rolle zugewiesen bekommen – Brüder werden zu Vätern, Söhne zu Brüdern, Enkel zu Söhnen –, tragen Sie's mit Fassung. Verzichten Sie darauf, Fehler permanent zu korrigieren und Ihre Mutter oder Ihren Vater damit zu beschämen. Menschen mit Demenz haben viel feinere Gefühlsantennen, als wir uns manchmal vorstellen können. Gleichzeitig brauchen Sie aber auch nicht in die neue Rolle hineinzuschlüpfen – seien Sie weiterhin Sie selbst! Wichtig ist, dass sich Ihre Angehörigen nicht bloßgestellt und damit verunsichert fühlen. In der professionellen Pflege und Betreuung heißt dieser Ansatz »Validation«[75]. Greifen Sie nicht die Fehler an der Oberfläche auf, sondern die emotionale Botschaft dahinter. Wenn Sie für Ihre Mutter gerade nicht mehr der Sohn sind, sondern der Bruder, sind Sie immer noch eine vertraute Person – vielleicht die vertrauteste, an die sie sich momentan erinnern kann. Möglicherweise hat sich Ihre Mutter auch gerade nur beim Namen vertan, es kann durchaus sein, dass Sie beim nächsten Besuch korrekt wiedererkannt und tituliert werden.

Zu lange gewartet

Wenn wir bis zum Sterbebett damit warten, persönliche Dinge zu klären, zumal belastende, wird es ziemlich schwierig. Fragen Sie mal das Personal auf Palliativstationen, was es von plötzlich anrückenden Angehörigen hält, die auf den letzten Drücker noch alles Mögliche in dieser ihrer Welt *zurecht*rücken möchten, während ihre Verwandten schon dabei sind, ihr zu *ent*rücken ... Nicht ohne Schadenfreude hört man in so manchen Teambesprechungen: »Das hätten die sich mal früher überlegen müssen.« Oder: »Denen geht es ja nur darum, sich noch schnell eine Absolution abzuholen, damit sie nach dem Ableben ihrer Lieben kein schlechtes Gewissen haben müssen.«

Wenn der Zeitpunkt gekommen ist, sollten Sie Ihrem sterbenden Elternteil die Entscheidung überlassen, wie viel Ihrer Anwesenheit gewünscht ist und wie viel noch geredet werden soll. Vielleicht werden Sie vieles nicht mehr klären können und sich mit einer kleinen Berührung oder ein bisschen gemeinsamem Schweigen zufriedengeben müssen. Den Rest müssen Sie mit sich selbst ausmachen, im Gespräch mit Freunden oder – wenn es Sie hart trifft – mit professionellen Kräften.

Für die Zeit *vor* der Sterbephase gilt: »Better now than never, better here than anywhere else.« Wenn Sie noch etwas klären wollen, schieben Sie das nicht länger auf die lange Bank, sondern gehen die Sache an. Verstecken Sie sich nicht länger hinter Ausreden, warum jetzt gerade nicht der richtige Zeitpunkt dafür ist. Und lassen Sie sich nicht entmutigen durch eigene Zweifel oder elterliche Vorwürfe: »Jetzt kommste auf einmal damit an.« Bleiben Sie bei sich und erklären, warum Sie so lange gebraucht haben, sich diesem Thema zu stellen. Auch für Ihre Eltern gilt: Besser spät als nie, denn auch sie werden eine Ahnung davon haben, dass da unter der Oberfläche noch etwas schwelt. Tasten Sie sich Schritt für Schritt heran, aber gehen Sie los! Und kompensieren Sie nicht jahrelanges Abwarten durch Aktionismus. Vertrauen wächst über die Zeit, nicht über ad hoc aufgewendete Kraft.

KAPITEL 7
DEM ENDE INS GESICHT SEHEN

Wissen wir eigentlich, wie unsere Eltern die Gretchenfrage beantworten würden – die Frage nach dem, was danach kommt? Ganz genau vermutlich nicht, denn solche Themen bespricht man in den meisten Familien nicht am Kaffeetisch. Manchmal können wir eine Antwort erahnen, etwa, wenn unsere Eltern – oder ein Elternteil – religiös oder konfessionell gebunden sind. Dann ist anzunehmen, dass sie an bestimmte Inhalte glauben wie die Auferstehung und das Leben nach dem Tod oder an eine zyklische Wiedergeburt. Vielleicht reden sie auch in der entsprechenden Sprache darüber, vom »Jüngsten Gericht« beispielsweise, vom »Eingehen in die Ewigkeit« oder davon, in anderer Gestalt wiederzukehren. Die Vorstellung von einem Wiedersehen im Jenseits ist nicht nur für die Betroffenen, sondern auch für deren Angehörige tröstlich. Es würde den Abschied erleichtern, er wäre nicht für immer.

Wenn unsere Eltern atheistisch eingestellt sind, kennen wir vielleicht Standard-Kommentare wie: »Dann ist es eben aus, Ende!« Oder bissige Kommentare in Bezug auf Beisetzung und Grabpflege: »Ihr könnt mich ja einfach irgendwo verscharren!« Oder: »Bloß nicht so ein Tamtam machen, Asche verstreuen und fertig!« Meist sind diese ruppigen Bemerkungen nicht so gemeint wie gesagt, sondern eine eigenwillige Form, dem Thema auszuweichen oder es abrupt zu beenden. Was zumeist auch gelingt, schließlich gehört das Lebensende auch bei uns erwachsenen Kindern nicht gerade zu den Lieblingsthemen. Eine Konsequenz daraus ist, dass wir meist nicht so ganz auf dem Laufenden sind, wie sich unsere Eltern etwa ihre Beisetzung vorstellen. Zumal sich manches noch einmal ändern kann, wenn das Ende wirklich näher rückt.

Selbstmordgedanken

Auch der Gedanke, seinem Leben selbst ein Ende zu setzen, relativiert sich oft, wenn es tatsächlich so weit ist. Speziell wenn unsere Eltern sich mit Depressionen herumschlagen, sind Gedanken an Selbstmord eine Begleiterscheinung zunehmender Gebrechlichkeit. »Am liebsten würde ich einfach Schluss machen« oder »Ich wäre besser tot« – wenn wir so etwas hören, versuchen wir intuitiv, das Thema zu wechseln. Weil wir uns überfordert fühlen oder den anderen auf andere Gedanken bringen möchten. Ratsam wäre, genau das Gegenteil zu tun: aufmerksam zuhören.

Im Alter sind die Suizidraten nicht höher als in der Allgemeinbevölkerung, aber Suizidversuche führen häufiger zum Tod. Die häufigste Suizidform ist die Vergiftung mit einer Überdosis Medikamente, die zuvor gehortet wurden. Wer sich tiefer mit diesem Thema auseinandersetzen möchte, sei auf spezielle Ratgeber verwiesen.[76]

Die Vorstellung vom »Bilanz-Suizid« oder »Freitod«

trifft auf die meisten Suizide nicht zu. Sie stehen häufig in zeitlichem Zusammenhang zu schlechten Nachrichten, die eine innere Krise auslösen. Wenn dann niemand anwesend und ein Vorrat an Tabletten vorhanden ist, steigt die Wahrscheinlichkeit, die Schwelle vom Suizidgedanken zur Suizidhandlung zu überschreiten. Deshalb: haken Sie freundlich interessiert nach, wie konkret diese Gedanken bereits sind. »Hast du wirklich mal darüber nachgedacht …? Wie würdest du es tun?« Sorgen Sie dafür, dass Sie den Auslöser der Krise in Erfahrung bringen und dass kontinuierlich jemand nach Vater oder Mutter schaut, bis die Gedanken vorbei sind. Wenn Ihre Eltern in einer Betreuungseinrichtung leben, sagen Sie am besten dem Personal Bescheid, das dann ebenfalls die Betreuungsintensität erhöhen dürfte.

Trauergeleit einmal anders

Die »was-kommt-danach-Frage« fällt zumeist allen Beteiligten schwer, man sollte also darauf achten, einen passenden Anlass für ein Gespräch darüber zu finden. Beerdigungen im Bekannten- oder Verwandtenkreis, die im Laufe der Jahre naturgemäß häufiger werden, sind passende Anlässe. Falls Sie gerade zu Hause sind, wenn bei Ihren Eltern der Besuch einer Trauerfeier ansteht, gehen Sie mit! Sie erweisen den Verstorbenen die letzte Ehre und Ihren Eltern vermutlich einen Gefallen und erfahren nebenbei mehr über sie. Über ihre Stellung im Kreis der Hinterbliebenen, über ihre Vorstellungen einer »gelungenen« Beisetzung und nebenbei auch über ihren eigenen Umgang mit dem Tod. Mit hoher Wahrscheinlichkeit werden Sie Kommentare aufschnappen wie: »Weiße Nelken, so was Spießiges.« Oder: »Die ganzen schönen (teuren!) Blumen sind in Nullkommanix verblüht! Ich würde statt Kränzen ja lieber etwas für einen guten Zweck spenden lassen.« Aus solchen beiläufig aufgeschnappten Bemerkungen ergeben sich die ersten Puzzleteilchen; damit daraus am Ende ein Bild wird, benötigen Sie natürlich weitere Informationen. Aber vom Gespräch über die aktuelle Beisetzung bis zu der Frage, ob Ihre Eltern eigentlich selbst irgendwo genauere Anweisungen hinterlegt haben, ist es nur ein vergleichsweise kleiner Schritt.

Falls Sie nicht mitkommen können zu einer anstehenden Beerdigung, kann auch ein aktueller Todesfall oder eine Todesanzeige ein Anlass sein, um mit den Eltern ins Gespräch zu kommen. Viele von uns bekommen bei Anrufen oder Besuchen Neuigkeiten aus dem Bekanntenkreis der Eltern erzählt, und dazu gehören in fortgeschrittenem Alter nun einmal die Todesfälle. Mit ziemlicher Sicherheit wird dabei auch die immer größere Bandbreite von Bestattungsmöglichkeiten zur Sprache kommen – und schon sind wir beim Thema.

Feuer, Erde oder Wasser?

Bis weit in die Nachkriegszeit hinein kam für Katholiken ausschließlich die traditionelle Erdbestattung infrage. Das kirchliche Verbot der Feuerbestattung wurde für sie erst

1963 aufgehoben, für orthodoxe Christen besteht es bis heute. Auch evangelische Christen gerieten bis weit ins 20. Jahrhundert hinein in den Verdacht, nicht an die leibliche Auferstehung zu glauben, wenn sie, wie es so schön heißt, »in die Urne wollten«. Dies hat sich geändert: Heute wünschen mehr als die Hälfte der Deutschen eine Feuerbestattung. Es gibt Urnengrab-Anlagen (UGAs), Urnenwände und Kolumbarien, meist in ehemaligen Kirchengebäuden, die dafür umgenutzt wurden. Erlaubt sind hierzulande auch andere pietätsgeweihte Orte, wie ein Friedwald, eine dafür vorgesehene Friedhofswiese oder der speziell ausgewiesene Abschnitt eines Bachlaufs, in den die Asche des Verstorbenen gestreut werden darf. Erlaubt ist zudem die Versenkung einer wasserlöslichen Urne auf hoher See, nicht aber die Bestattung im eigenen Garten. Wo und wie die Asche verstreut werden darf, wird von den einzelnen Bundesländern geregelt. Falls Ihre Eltern da spezielle Wünsche haben, klären Sie das besser vorher ab, zumal die Regeln sich immer wieder ändern können.

Vielleicht denken Ihre Eltern auch ganz pragmatisch an ihre Hinterbliebenen und beziehen Sie in ihre Überlegungen ein: Möchtet ihr eine feste Anlaufstelle haben? (Dann wäre Asche über dem Meer verstreuen ungünstig.) Und wenn ja: klassisches Grab? Gedenkplatte im Kolumbarium? Oder reicht euch eine Waldlichtung als Ort des Gedenkens? Gräber auf Friedhöfen werden seltener, nicht nur aus Kostengründen, sondern auch wegen der Grabpflege. Wenn die Kinder weiter weg wohnen sowieso, aber auch im gleichen Ort, möchten viele ältere Menschen ihren Nachkommen posthum nicht zur Last fallen, nicht zuletzt, weil sie die Grabpflege vielleicht selbst als Bürde empfunden haben.

Doch wie immer hat die Medaille zwei Seiten: Mit der Grabpflege entfällt häufig auch das Gedenkritual. In Susannes Familie war es ein ASWI, samstags bei den Gräbern beider Großelternpaare vorbeizuschauen. Mutter oder Vater gingen »noch mal kurz das Grab kratzen«. Es wurde geharkt, neu bepflanzt und Verblühtes entfernt. Am Schluss wurde ein rotes Grablicht angezündet, das dann bis zum Sonntagabend für alle anderen Friedhofsbesucher sichtbar signalisierte: dieses Grab ist familiär gepflegt. Nach getaner Arbeit wurden die irgendwo auf dem Areal herumlaufenden Kinder herbeigerufen, man hielt gemeinsam ein paar Sekunden inne, um das Werk zu betrachten und ein paar Gedanken ins Jenseits zu schicken. »Oma, ich hoffe, du hast es gut da oben.«

Ein tolles ASWI, oder? Gab es so etwas bei Ihnen auch? Falls ja, könnten Sie auch darüber mit Ihren Eltern ins Gespräch kommen: »Weißt du noch, dass wir uns jedes Jahr zu ihrem Geburtstag an Tante Hildegards Grab versammelt haben? Als Kind fand ich das ja etwas seltsam, aber ...« Von dort ist es nur ein kleiner Schritt zu der Frage: Was wünschst du dir eigentlich selbst? Wie sollen wir das später machen?

Wie bei vielen in diesem Buch angeschnittenen Bereichen suchen wir dieses Gespräch am besten rechtzeitig und schieben es nicht auf die lange Bank. Vor allem nicht, wenn bei den Eltern bereits erste Anzeichen einer Demenz zu erkennen sind. Denn die Fähigkeit, Zukünftiges zu planen und sich in andere hineinzuversetzen, geht in diesem Fall leider oft recht früh dahin.

Ob unsere Eltern an ein Leben nach dem Tod glauben oder nicht, wirkt sich auf das Abschiednehmen aus. Glauben sie daran, einander im Jenseits wiederzusehen? Dann wäre es nur ein Abschied auf Zeit. Haben sie Angst vor einer Art Abrechnung, einem Jüngsten Gericht, einer Gewissensprüfung? Gibt es noch etwas, das sie vorher ins Reine bringen möchten? Gibt es ein Lieblings-Kirchenlied, eine Lieblings-Bibelstelle, die den eigenen Glauben in Worte fasst?

Für manche von uns Mittelalten sind Gespräche über Glaubensfragen in etwa so unangenehm wie Gespräche über Sex im Alter. Bitte unterstellen Sie diesem Buch also nicht gleich, dass es Sie übergriffig missionieren möchte. Fakt ist, dass die meisten Angehörigen der Kriegs- und Nachkriegsgeneration christlich sozialisiert sind. Auch wenn sie sich irgendwann von der Amtskirche, dem »Bodenpersonal«, abgelöst und uns Kinder nicht traditionell religiös erzogen haben, bedeutet das noch lange nicht, dass es ihnen nichts bedeutet. Not lehrt beten, wie es so schön heißt. Tatsächlich beginnen Menschen in Grenzsituationen zu überlegen, wie es jenseits der Grenze weitergeht. Das muss nicht gleich der Tod sein, auch schwere Krankheiten führen häufig dazu, dass man nach Halt im spirituellen oder religiösen Bereich sucht. Bei Menschen mit Demenz rückt aufgrund des temporalen Gradienten oft auch der Glaube ihrer Kindheit innerlich wieder näher.

Also geben wir uns einen Ruck: Wir sind erwachsen. Hier geht es zuvorderst nicht um uns und unseren Atheismus, unsere Kirchenkritik, unsere adoleszenten Ablösungstendenzen oder unsere eigene Selbstverwirklichung in nichtmonotheistischen Religionen. Sondern um das Wohlergehen unserer Eltern. Und Spiritualität – welcher Form auch immer – gehört dazu, aber hallo! Warum sonst stecken so viele von uns einen Haufen Geld und Zeit in Meditationskurse? Wenn wir beizeiten einen passenden

Anlass für ein Gespräch gefunden haben, können wir ganz pragmatisch Antworten auf Fragen vorbereiten, die uns ansonsten irgendwann unter Zeitdruck ohnehin gestellt werden. Nur: Dann werden wir diese Fragen vielleicht nicht mehr im Sinne unserer Eltern beantworten können.

Versuchen Sie, herauszufinden, ob Ihr Vater die letzte Ölung oder Ihre Mutter noch mal den Pastor sehen möchte, oder ob keiner von beiden noch mal mit dem »Bodenpersonal« zu tun haben will. Sprechen Sie mit ihnen über Dinge, in den sie Trost finden oder mit denen sie sich zeitlebens identifiziert haben. Wenn Körper und Geist bereits langsam verrinnen und das Gespräch miteinander nicht mehr möglich ist, beschreiten Sie andere Wege. Hören Sie gemeinsam Musik und achten Sie auf die Reaktion. Literaturliebhaber hören vielleicht gern ein paar bekannte Gedichtzeilen. Bei christlich sozialisierten Menschen kann es unendlich beruhigen, eine der alten Gebetsformeln zu sprechen – das Glaubensbekenntnis, das Vaterunser, das Ave Maria, den Konfirmationsspruch oder die Psalmen: »Der Herr ist meine Hirte ...«

All dies gibt es auf Palliativstationen mit gutem Grund: Weil es den Menschen, die darin zeitlebens Zufriedenheit und Trost fanden, auch beim Sterben Schmerz und Angst lindert. Wenn die Eltern sich zu diesem Zeitpunkt nicht mehr verbal ausdrücken können, gibt uns das Wissen um solche Vorlieben Anhaltspunkte für Entscheidungen. Wir werden uns in einer Situation, die so schon schwer genug ist, weniger hilflos fühlen und kopfloses Herumprobieren ersparen.

Noch ein bisschen weitergedacht, bereiten wir uns mit alldem auch selbst ein Stück weit vor auf das Sterben und

Trauern. Was glauben *wir* eigentlich? Wird der Tod unserer Eltern ein Abschied für immer sein? Was wird bleiben von ihnen? Wollen wir selbst noch etwas mit ihnen besprechen, ohne dass die Zeit superknapp wird? Klar, das sind weitreichende Fragen, und wir werden reflexartig denken: Nun mal halblang – das regeln wir, wenn es so weit ist. Routinesituation für Mitarbeiter im Pflegeheim: Angehörige, die betreten davonschleichen und dieses Aufschieben bitter bereuen, weil an der Tür ihrer Anverwandten in großen Lettern steht: SORRY – ZU SPÄT!

Papierkram regeln

Eigentlich ist dies hier ja eher ein Nachdenk- als ein Ratgeberbuch. Aber da es um etwas immens Wichtiges geht, was die letzte Lebensphase Ihrer Eltern entscheidend beeinflussen wird, komme ich nicht umhin, doch noch auf etwas so Praktisches hinzuweisen wie das Erstellen von Dokumenten: Vorsorgevollmacht, Patientenverfügung, Betreuungsverfügung.

Wie schon ausführlich dargelegt, fällt der überwiegende Teil der Menschen heute nicht einfach um, sondern verbringt seine letzte Phase in der Obhut medizinischer oder pflegerischer Einrichtungen. Deshalb sollte jeder einigermaßen verantwortungsvolle Mensch spätestens Ü70 einer oder mehreren Personen seiner Wahl eine Vorsorgevollmacht erteilen (früher hieß das »Vormundschaft«, falls wir nicht mehr selbst entscheiden können). Es ist nicht nur wichtig, *wer* entscheiden darf, sondern auch, ob und wenn ja, *welche* lebenserhaltenden Maßnahmen ergriffen werden sollen. Da die Bandbreite lebenserhaltender Maßnahmen sich immer weiter vergrößert, müssen auch Vorsorgevollmachten und Patientenverfügungen immer weiter verfeinert werden. Die letzte Überarbeitung fand 2016 statt, das Bundesministerium für Verbraucherschutz hat die entsprechenden Formulare veröffentlicht.[77] An diese derzeit aktuellste Version sollte man sich tunlichst halten, wenn man im Ernstfall Behandlungsentscheidungen beeinflussen möchte, selbst aber nicht mehr in der Lage dazu ist.

Was also können wir tun? Zunächst einmal sollten wir das Thema überhaupt anschneiden. Es gibt Eltern, die darauf mit einem Vertrauensvorschuss reagieren werden: »Ihr werdet das schon alles in unserem Sinne machen.« Darum geht es aber nur zum Teil – es geht vor allem um den Erhalt der Handlungsfähigkeit. Bitten Sie Ihre Eltern um Unterstützung. Widmen Sie der Frage einen Besuch, gehen Sie gemeinsam zu einer Beratungsstelle, die es in jedem Kreis gibt. Teilweise nennen sich diese Stellen »Pflegestützpunkt« – das kann abschrecken, wenn Ihre Eltern sich noch nicht pflegebedürftig fühlen. Aber vielleicht hilft es, wenn man den Besuch mit einer Shoppingtour verbindet?

Auch im Bereich Pflege gibt es seit 2017 einige Neuerungen. Unter anderem den sogenannten Pflegegrad 0, unter den Hilfen zur Erhaltung der Mobilität und Unterstützung bei der Teilhabe am gesellschaftlichen Leben fallen. Für die Fahrt zu Therapien oder Selbsthilfegruppen oder für Betreuungsaufgaben, die nicht unter klassisch pflegerische Tätigkeiten fallen, gibt es einen Betrag von bis zu 125 Euro monatlich. Vielleicht gibt es jemanden aus dem Helferkreis (s. o.), für dessen Einsatz dies eine angemessene und willkommene Kompensation wäre? Oder vielleicht gibt es einen wohnortnahen ambulanten Anbieter, der hierfür ein maßgeschneidertes Paket im Angebot hat? Vielleicht beantragen wir das Geld auch für das Familienmitglied, das am nächsten wohnt? Da der Gesetzgeber den Verbleib im eigenen Haushalt mit ambulanten Hilfen und nicht die vorzeitige Übersiedelung ins Pflegeheim fördern möchte, wurde diese Erweiterung der »Pflegestufen« sehr bewusst vorgenommen. Eine gute Sache, da sind wir uns doch ausnahmsweise einmal alle einig: unsere Eltern, der Gesetzgeber und wir, oder?

Sterben und Erben

Wie in Partnerschaften wird auch zwischen erwachsenen Kindern und ihren Eltern die Bedeutung der Frage, von wo das Geld kommt und wo es hingeht, häufig unterschätzt. Seien Sie gewiss, dass Ihre Eltern sich darüber viele Gedanken machen, auch wenn sie dies ihren Kindern gegenüber selten ansprechen – in manchen Familien spricht man schlicht nicht über Geld. Als Gesundheitsberuflerin kann ich das behaupten, weil sie öfters aus lauter Kummer und nach vielen schlaflosen Nächten mit Leuten wie mir darüber reden. Weil wir unter Schweigepflicht stehen und nicht zu ihren Erben gehören.

»Wenn's ums Geld geht, hört der Spaß auf«, sagt der Volksmund nicht zu Unrecht. Glauben Sie mir: Es gibt in dieser Hinsicht nichts, was es nicht gibt, und viele dieser

Geschichten sind tatsächlich nicht spaßig. Familien, in denen mehrmals im Jahr das Testament geändert wird, je nachdem, wer gerade Favorit ist. Familien, in denen diese Änderungen ausgewählten Mitgliedern mitgeteilt werden oder gerade vor diesen geheim gehalten werden. Familien, in denen der Vater das komplette Wissen über die komplexe Finanzlage hatte, doch leider ist es nun von der Demenz verschluckt worden. Familien, in denen beide Elternteile völlig unwissend bezüglich ihrer Vermögensverhältnisse und der Erbfolge sind. Witwen, die mehrere Generationen von Familienmitgliedern perfide gegeneinander ausspielen, um sicherzustellen, dass sich alle eifrig um sie kümmern. Und die damit leider niemals erfahren werden, ob ihre Lieben dies auch ohne Aussicht aufs Erben getan hätten. Tragische Geschichten.

Einfach ist es, wenn Ihre Eltern beide noch leben und einander, falls einer zuerst stirbt, beerben wollen. Das muss notariell auch so festgelegt werden. Sollte dies bislang nicht geschehen sein, dann unterstützen Sie Ihre Eltern dabei. Nebenbei schaffen Sie als Kinder damit Vertrauen, denn Sie zeigen die Uneigennützigkeit Ihres Handelns: Gemäß gesetzlicher Erbfolge würde die Hälfte des Vermögens sonst Ihnen zufallen.

Lebt nur noch ein Elternteil, dann sind Sie und Ihre Geschwister die Erben, seit 1998 auch uneheliche Halbgeschwister. Es ist gar nicht selten, dass deren Existenz erst nach dem Tod der Eltern herauskommt. Und nebenbei eine für die Erben emotional höchst verstörende Sorte von LiK. Manchmal ergibt sich erst beim Notarbesuch für den betroffenen Elternteil - meist den Vater - die Gelegenheit, das Geheimnis zu lüften. Falls Sie einen Verdacht hegen, können Sie die Enthüllung auch ins Private vorverlegen, indem Sie humorvoll nachfragen, wie viele Kinder denn erben (würden).

Je mehr Vermögen oder Schulden im Spiel sind, je mehr das, was übrig bleiben kann, von Null abweicht, desto wichtiger ist es, darüber zu reden. Wenn es um Schulden geht, sollten Sie sich überlegen, das Erbe auszuschlagen. Wenn es um Vermögen geht, sagen wir das abbezahlte Eigenheim und ein Sparguthaben, reden Sie mit Ihren Eltern darüber, was damit passieren soll. Man muss ja nicht immer einer Meinung sein. Ein Gespräch bietet aber zumindest die Möglichkeit, sich anzunähern.

Auch über eventuell abgeschlossene Versicherungen sollten Sie sprechen. Natürlich über Lebensversicherungen, aber auch über kleinere Sachen. Kennen Sie beispielsweise den Unterschied zwischen Sterbegeld- und Bestattungsversicherung? Den sollten Sie kennen, denn schon mancher hat erst einmal alles vorgestreckt und dann entdeckt, dass es kein frei verfügbares Sterbegeld, sondern qua Bestattungsversicherung ganz bestimmte, vorab versicherte Leistungen gab, die nicht rechtzeitig abgerufen wurden und für die hinterher auch nichts mehr bezahlt wird. So ergeben sich zusätzlich zur Trauer um die Eltern zuweilen fünfstellige Ärgernisse.

Vermitteln Sie Ihren Eltern, dass Sie der Auffassung sind, ihr eigener Besitz sollte zunächst auch für sie verwendet werden. Hauptziel dabei sollte sein, mit vorhandenen Geldern die Kosten für die Pflege stemmen zu können. Sie können Ihren Eltern auch klarmachen, dass es möglichst gerecht und friedlich zugehen sollte unter den Geschwistern. Überzeugen Sie Ihre Eltern, dass sie dazu beitragen können, unter anderem auch durch Offenlegen geheimer Konten und Geldanlagen im Ausland. Beugen

Sie unrealistischen Vorstellungen vor, indem Sie den aktuellen Verkaufswert von Grundeigentum und Immobilien von einem Gutachter schätzen lassen und den Betrag gängigen Tarifen für Hauspflege oder Pflegeheime gegenüberstellen. So ein Gutachten kostet Gebühren, aber Gewissheit zu haben ist allemal wichtiger und lässt Ihre Eltern ruhiger schlafen. Und vor allem: Reden Sie über Gefühle und reden Sie über Geld. Aber vermischen Sie nicht beides.

NACHWORT
WAS HABEN WIR DAVON?

Auf dem Cover dieses Buchs steht »Wegweiser für erwachsene Kinder«. Wenn unsere Eltern in die Jahre kommen, sind wir seit mehr oder weniger einem Vierteljahrhundert volljährig. Auch wenn wir immer ihre Kinder bleiben, uns gern in alte ASWIs hineinbegeben, bei Tisch an unserem alten Platz sitzen oder im Kinderzimmer übernachten, betrachten sich die meisten von uns als erwachsen. Wir versuchen, unseren Eltern auf Augenhöhe zu begegnen und mit ihnen die auftretenden Schwierigkeiten sachlich zu besprechen. Manchmal, wenn wir eine Entwicklung als besonders besorgniserregend betrachten, sprechen wir dies sogar direkt an: »Nun lasst uns mal vernünftig miteinander reden. So geht das nicht weiter...«

Wenn solche Bemühungen ins Leere laufen, sind wir manchmal geneigt, unseren Eltern unerwachsenes Verhalten zuzuschreiben. »Ich renne gegen Wände, sie wollen einfach nicht!« - »Ich habe ihr schon hundertmal gesagt, dass ... aber sie sieht es partout nicht ein.« Das erinnert eher an Erwachsene, die über pubertierende Heranwachsende reden, oder?

Tatsächlich können die Biografien unserer Eltern und auch Alterserscheinungen im Gehirn dazu beitragen, dass es unseren Eltern schwerfällt, Veränderungen vorzunehmen.

Die Veränderung unserer Eltern liegt nicht in unserer Verantwortung. Unsere eigene aber sehr wohl. Was es zu gewinnen gibt: Wirklich erwachsen werden. Viele in unserer Generation haben erst nach dem Tod ihrer Eltern das Gefühl, wirklich erwachsen zu sein, aber leider auch der nagende Gedanke, dass sie mit ihren Eltern wichtige Anliegen nicht mehr haben klären oder erleben können. Es lohnt sich also, vorher damit zu beginnen!

Wenn wir das schaffen, wird das Gespenst aufhören zu spuken. Wir können auf Augenhöhe kommen, wenn wir die Komfortzone verlassen und uns gemeinsam mit unseren Eltern der Frage stellen, wie eigentlich ein guter Lebensabend aussieht und wie man sich darauf vorbereiten kann. Ein solcher guter Lebensabend unterscheidet sich, auch bei Gebrechlichkeit, nicht wesentlich von einem guten Leben: Entscheidend ist ein ausgewogenes Verhältnis von Selbstbestimmtheit, Sinn und Sicherheit. Mit einer guten Balance von Anregung und Entspannung. Die Herausforderungen bei fortschreitender Gebrechlichkeit ist die ständige Anforderung, sich flexibel an die sich verändernden Kapazitäten und Gegebenheiten anzupassen. Nur wenn wir eine neue Art von Bindung mit unseren Eltern eingehen, können wir uns diesen Herausforderungen gemeinsam mit ihnen stellen. Oder zumindest hinterher sagen: Wir haben es ernsthaft versucht.

Nicht zuletzt werden wir auch selbst etwas davon haben. Wir stellen uns ganz nebenbei der Endlichkeit unseres eigenen Lebens und der Frage, wie wir uns das eigentlich für uns vorstellen. Erwachsensein heißt auch, nichts verleugnen zu müssen. Zum Beispiel wider alle Anzeichen der verzerrten Wahrnehmung zu erliegen, dass die Alten und Kranken immer *die anderen* sind.

Eltern möchten oft erreichen, dass es ihren Kindern einmal besser geht als ihnen. Demnach können wir schon mal anpeilen, es unseren Kindern einmal leichter zu machen. Denn auch für uns selbst gibt es zwischen 40 und sechzig vielleicht schon ein paar Weichen zu stellen. Wo, mit wem und auf welche Weise möchten wir selbst im Alter leben, und dies noch möglichst ökonomisch und ökologisch verträglich? Wenn wir vermögend sind: Wie gehen wir selbst mit unserem Besitz um? Wenn wir alleinstehend sind: Suchen wir in dem Zeitraum, der sich von der Midlife-Crisis über die Menopause bis zum Potenzverlust spannt, verzweifelt den nächsten Prinzen auf dem weißen Schimmel oder das x-te »Trophy girl«? Reiten wir unsere Steckenpferde, bis sie unter uns zusammenbrechen, perfektionieren wir unsere Konsumwünsche? Oder überlegen wir uns, welche Menschen wir im letzten Drittel unseres Lebens wirklich in unserer Nähe haben möchten? Beziehungsweise wer uns noch in seiner Nähe haben möchte, auch wenn jugendliche Schönheit, Gesundheit und Macht nicht mehr locken können?

Viele von uns haben keine eigenen Kinder, vielleicht aber Neffen, Nichten und Patenkinder – wie steht es mit diesen intergenerationellen Bindungen? Und wie mit unserem Freundeskreis? Pflegen wir diese Beziehungen so, dass sie der Erosion durch die unausweichlichen Verluste im Alter standhalten können? Und ebenso wichtig: dass wir Feiertage und schöne Stunden in Gesellschaft verbringen können? Wie wollen wir eigentlich wohnen? Gibt es da Überlegungen, vielleicht gemeinsam eine WG zu gründen? Pläne für den Umzug in ein Mehrgenerationenhaus?

Welche finanziellen Vorkehrungen sollten dafür jetzt schon getroffen werden?

Auch bei uns selbst gibt es jede Menge Entscheidungen zu treffen, die vielleicht schon Weichenstellungen für später sind. Denn eines ist klar: Nachdem unsere Eltern gestorben sind, werden wir die ältere Generation sein. Noch ein paar Jahre, dann sind wir die jungen Alten. Und das Spiel wird von vorn losgehen, nur werden wir es dann aus einer anderen Perspektive und von einer anderen Position aus spielen. Unsere eigenen Kinder, Neffen und Nichten werden unsere jetzige Rolle einnehmen. Und die Spielregeln werden andere sein - weil jede Generation ihre eigenen neu erfinden muss.

ANHANG

Danksagung und wie dieses Buch entstand

Liebe Leserinnen und Leser, dieses Buch wollte geschrieben werden. Allerdings wollte ich es nicht selbst schreiben, sondern aus dem Regal nehmen und weiterempfehlen. Weil Sachbücher schreiben in Deutschland – anders als in den USA – in Wissenschaftlerkreisen nicht sehr verbreitet ist. Oder wenn, dann als Silver-Ager-Hobby, nach oder besser noch kurz vor der Pensionierung, während eine Schar von Mitarbeiterinnen einem den Rücken freihält. Leider traf dies nicht auf mich zu, als der Journalist Tobias Schmitz mich Ende 2014 spontan für die Mitarbeit an einer Reportage über erwachsene Kinder demenzkranker Eltern gewann. Seine *Stern*-Titelstory »Mama, lass Dir helfen!«, die im September 2015 erschien und neben seiner einfühlsamen Reportage auch ein paar Tipps aus meiner Sicht enthielt, stieß auf große Resonanz in der Leserschaft und löste monatelang weitere Medienanfragen aus. Erstaunt schlug ich Herrn Schmitz vor, doch gleich ein ganzes Buch daraus zu machen. Seine Antwort: »Tun Sie es selbst!«

Es vergingen weitere Monate mit Medienanfragen und

Leserbriefen, bis ich mich dazu entschließen konnte. Und dann ging es überraschend leicht und machte Freude. In der Wissenschaft schreiben wir meistens auf Englisch, allenfalls Lehrbücher auf Deutsch. Freies Schreiben in der eigenen Muttersprache fühlt sich ungefähr so an wie der Wechsel vom Keyboard zur Kirchenorgel.

Das Buch, das ich aus dem Regal nehmen wollte und dann schließlich selbst schrieb, sollte vor allem Lösungswege beinhalten und damit über reine Problembeschreibungen hinausgehen. Um ein Problem anzugehen, vor dem sich alle drücken möchten, muss jedoch die Motivation stimmen. Dafür, so mein Therapeutenkalkül, ist es wiederum hilfreich, zwischendurch mal über eine Story zu schmunzeln, weil man sich selbst allzu gut wiedererkennt. Hilfreich könnte weiterhin sein, eine konkretere Vorstellung von dem Unterfangen zu entwickeln, denn sonst fühlt man sich total überfordert und schiebt es immer weiter heraus. Der Schwerpunkt des Buchs sollte also darauf liegen, wie man die eingangs beschriebenen Probleme angeht: wie man in die Hufe kommt, welche Etappen auf dem Weg liegen, wie man mit Schwierigkeiten klarkommt und was man dabei gewinnen kann. Das Buch sollte nicht nur auf Töchter, sondern auch auf Söhne passen. Ob dies gelungen ist, liegt in Ihrem Ermessen. Ich freue mich über Rückmeldungen und Vorschläge über die Homepage meines Verlags.

Auch für das Bücherschreiben gilt: Entschlüsse brauchen manchmal noch einen kleinen Schubs, um zu Handlungen zu werden. Ich danke in diesem Zusammenhang meinem hochgeschätzten Kollegen Klaus Willmes für den Rat, dem Herzen zu folgen, und Eckart von Hirschhausen als Vorbild dafür, es einfach zu tun. Weiterhin gilt mein

Dank Michael Neher für die kundige Hinführung zum Piper Verlag sowie den Lektorinnen Anja Hänsel und Heike Gronemeier für ihre Unterstützung in der Welt des Orgelspiels.

Meinen Eltern und Geschwistern danke ich dafür, dass sie mich in unserer lauten, ehrlichen und humorvollen Familie einfach weiter mitlaufen lassen. Obwohl sie trotz meiner Bemühungen um Verfremdung den einen oder anderen Schnipsel wiedererkennen dürften. Dank gebührt auch meinen Kolleginnen und Kollegen im Kreuzberger Zentrum für ambulante Neuropsychologie und Verhaltenstherapie, am Klinikum Ernst-von-Bergmann in Potsdam, und am Institut für Psychologie der Humboldt-Universität. Sowohl sie als auch meine Familie mussten manche Terminverlegung und Verspätung hinnehmen.

Julia Bartelt, Falk Petersdorf und Agnes Sonntag lasen den ersten Entwurf und unterstützten meine Orgel-Etüden mit einer gedeihlichen Mischung aus professionellen Ratschlägen und aufmunternden Freundschaftsworten, die ich als großes Geschenk empfinde.

Schließlich gilt mein Dank meinen Patientinnen und Patienten sowie ihren Kindern, die mir Einblick gewährten in ihr »nicht-mehr-wie-immer-Leben«. Viele der hier geschilderten Alltagsprobleme und Lösungsvorschläge sind ihrer Offenheit, Lebensklugheit und Tatkraft zu verdanken. Ihre Veränderungsbereitschaft, die ich bezeugen und begleiten durfte, macht mich zuversichtlich: Auch wenn es nicht mehr so weitergeht wie immer, kann es trotzdem gut ausgehen.

Hilfreiche Adressen

I. Informationen zu chronischen Alterserkrankungen

Deutsche Herzstiftung e.V.
Bockenheimer Landstraße 94–96
60323 Frankfurt am Main
Telefon: 069/955128-0
Telefax: 069/955128-313
E-Mail: info@herzstiftung.de
Internetseite: www.herzstiftung.de

Deutsche Schlaganfallhilfe
Schulstraße 22
33311 Gütersloh
Telefon: 05241/9770-0
Telefax: 05241/9770-777
E-Mail: info@schlaganfall-hilfe.de
Internetseite: www.schlaganfall-hilfe.de

Deutsche Krebshilfe
Buschstraße 32
53113 Bonn
Telefon: 0228/72990-0
Telefax: 0228/72990-11
E-Mail: deutsche@krebshilfe.de
Internetseite: www.krebshilfe.de

Deutsche Rheuma-Liga Bundesverband e.V.
Maximilianstraße 14
53111 Bonn
Telefon: 0228/76606-0
Telefax: 0228/76606-20
Internetseite: www.rheuma-liga.de

Deutscher Diabetiker Bund e.V.
Käthe-Niederkirchner-Str. 16
10407 Berlin
Telefon: 030/420824 98-0
Telefax: 030/420824 98-20
E-Mail: info@diabetikerbund.de
Internetseite: www.diabetikerbund.de

Deutsche Parkinsonvereinigung
Moselstraße 31
41464 Neuss
Telefon: 02131/740270
Telefax: 02131/45445
E-Mail: bundesverband@parkinson-mail.de
Interseite: www.parkinson-vereinigung.de

GKV-Spitzenverband
Reinhardtstraße 28
10117 Berlin
Telefon: 030/206288-0
Telefax: 030/206288-88
Internetseite: www.gkv-spitzenverband.de

Hilfe bei Demenz

Bürgerschaftliche Initiative und Plattform der Aktion »Demenzfreundliche Kommune«:
Aktion Demenz e.V.
Karl-Glöckner-Str. 21 E
35394 Gießen
Telefon: 0641/9923206
Mobil: 0157/72888378
E-Mail: info@aktion-demenz.de
Internetseite: www.aktion-demenz.de

Deutsche Alzheimer Gesellschaft e.V. Selbsthilfe Demenz
Friedrichstraße 236
10969 Berlin
Telefon: 030/259 3795-0
Telefax: 030/259 3795-29
E-Mail: info@deutsche-alzheimer.de
Internetseite: www.deutsche-alzheimer.de

Informationsportal »Wegweiser Demenz«
Bundesministerium für Familie, Senioren, Frauen und Jugend
Glinkastraße 24
10117 Berlin
Telefon: 030/18555-0
Telefax: 030/18555-1145
E-Mail: info@bmfsfjservice.bund.de
Internetseite: www.wegweiser-demenz.de
E-Learning-Kurs (7 Module) zum Thema Demenz und Initiative »Lokale Allianz für Menschen mit Demenz«

Depression im Alter

Übersicht zu Klinikadressen
Stiftung Deutsche Depressionshilfe
Semmelweisstraße 10
04103 Leipzig
Telefon: 0341/9724493
Telefax: 0341/9724599
Internetseite: www.deutsche-depressionshilfe.de/
depression-infos-und-hilfe

Selbsthilfeadressen und allgemeine Infos
www.neurologen-und-psychiater-im-netz.org

II. Informationen für Angehörige: Pflege, Wohnen

Deutschland

Informationen für Angehörige

Angehörigengruppen, Essen auf Rädern, Beratung für ambulante und stationäre Versorgung, Angebote zu Hausnotrufknöpfen, Haushaltshilfen: Lokale Informationsbroschüren gibt es in Papierversionen in jedem Rathaus oder als Download auf der Website der Seniorenbeauftragten. Einfach die Stichworte »Seniorenbeauftragte« oder »Seniorenvertretung« und den Namen von Kommune/Landkreis/Stadtbezirk eingeben. Oder im Rathaus nach der Infobroschüre für Senioren fragen.

Suchen Sie Informationen über eine bestimmte Einrichtung, dann kann ein Besuch auf der Website des Trägers hilfreich sein. Hier die Adressen der größten Spitzenverbände der Wohlfahrtspflege:

AWO Bundesverband e.V.
Heinrich-Albertz-Haus
Blücherstraße 62/63
D-10961 Berlin
Telefon: 030/26309-0
Internetseite: www.awo.org

Deutscher Caritasverband e.V.
Karlstraße 40
79104 Freiburg
Telefon: 0761/2000
Internetseite: www.caritas.de

Deutsches Rotes Kreuz e.V.
Carstennstraße 58
12205 Berlin
Telefon: 030/85404-0
Telefax: 030/85404-450
E-Mail: drk@drk.de
Internetseite: www.drk.de

Diakonie Deutschland
Caroline-Michaelis-Str. 1
10115 Berlin
Telefon: 030/65211-0
Telefax: 030/65211-3333
E-Mail: diakonie@diakonie.de
Internetseite: www.diakonie.de

Der Paritätische Gesamtverband
Oranienburger Straße 13–14
10178 Berlin
Telefon: 0 30/2 46 36-0
Telefax: 0 30/2 46 36-110
Internetseite: www.paritaet.org
www.der-paritaetische.de

Autofahren

Deutscher Verkehrssicherheitsrat e.V.
Internetseite: www.dvr.de

Beeinträchtigung der Fahrtüchtigkeit durch Medikamente
Internetseite: www.adac.de

Pflege und Palliativversorgung

Das Pflegetelefon des Bundesministeriums für Familie, Senioren, Frauen und Jugend: Schnelle Hilfe für Angehörige
Telefon: 0 30/20 17 91 31
E-Mail: info@wege-zur-pflege.de
Internetseite: www.wege-zur-pflege.de/startseite.html

Bürgertelefon zur Pflegeversicherung vom Bundesministerium für Gesundheit
Telefon: 0 30/340 60 66 02
Internetseite: www.bundesgesundheitsministerium.de/service/buergertelefon.html

Informationen zum Hospiz und Hospizadresse
Deutscher Hospiz- und PalliativVerband
Internetseite: www.dhpv.de

BIVA – Bundesinteressenvertretung für alte und pflegebetroffene Menschen
Bewertung von Pflegeeinrichtungen in Deutschland durch das »Informationsportal Pflegegüte«
Internetseite: www.biva.de

Psychotherapie

Informationen zu psychotherapeutischen Verfahren und Techniken
Bundespsychotherapeutenkammer (BPtK)
Arbeitsgemeinschaft der Landespsychotherapeutenkammern
Klosterstraße 64
10179 Berlin
Telefon: 030/278 78 50
E-Mail: info@bptk.de
Internetseite: www.bptk.de

Psychotherapeutensuchportal
Internetseite: www.psychotherapiesuche.de

Wohnen im Alter

Informationen zum Wohnen im Alter, Wohnmöglichkeiten, Hilfsmittel für Deutschland, Österreich und Schweiz
Wohnen im Alter Internet GmbH
Telefon: 0721/461 39 20
E-Mail: info@wohnen-im-alter.de
Internetseite: www.wohnen-im-alter.de

»Weiße Liste« der Bundesregierung zur Suche nach Krankenhäusern, Pflegediensten und Senioreneinrichtungen
Weiße Liste gemeinnützige GmbH
Internetseite: www.weisse-liste.de

Informationen zum barrierefreie Wohnen im Alter vom Bundesministerium für Familie, Senioren, Frauen und Jugend
Internetseite: www.serviceportal-zuhause-im-alter.de/wohnen.html

Praktische Informationen im Todesfall

Informationen zu den ersten Schritten nach einem Todesfall, Bestattungsarten, Bestattungskosten, Bestattungsfinanzierung
Internetseite: www.todesfall-checkliste.de

Informationen zu Begräbnisstätten, Begräbnisarten und Grabpflege sowie den Vorgaben der ländereigenen Bestattungsgesetze
Internetseite: www.bestattungen.de

Vorsorge und Patientenrechte

Bundesministerium für Justiz und Verbraucherschutz gibt Informationen zu Vorsorgevollmacht, Betreuungs- und Patientenverfügung
Internetseite: www.bmjv.de

Deutsche Seniorenliga e.V.
Heilsbachstraße 32
53123 Bonn
Telefon: 0228/36793-0
Telefax: 0228/36793-90
Internetseite: www.ihre-seniorenvertretung.de/index.php

Österreich

Informationen für Angehörige

Interessengemeinschaft pflegender Angehöriger
Telefon: +43/(0)158900
E-Mail: office@ig-pflege.at
Internetseite: www.ig-pflege.at

Bundesministerium für Arbeit, Soziales und Konsumentenschutz (BMASK)
Stubenring 1
A-1010 Wien
Telefon: +43/(0)171100
Internetseite: www.sozialministerium.at/site/Pension_Pflege/Pflege_und_Betreuung/

Pflege

Caritas
Albrechtskreithgasse 19-21
A-1160 Wien
Telefon: +43/(0)148831-0
Telefax: +43/(0)148831-9400
E-Mail: office@caritas-austria.at
Internetseite: www.caritas.at

Sozialministerium Service
Öffentlichkeitsarbeit
Babenbergerstraße 5
A-1010 Wien
Telefon: +43/(0)315 88 31
Internetseite: www.sozialministeriumservice.at

Psychotherapie

Österreichischer Bundesverband für Psychotherapie
Löwengasse 3
A-1030 Wien
Telefon: +43/(0)1512 70 90
Telefax: +43/(0)1517 09 0-44
E-Mail: oebvp@psychotherapie.at
Internetseite: www.psychotherapie.at

Seniorenrechte

Österreichischer Seniorenrat
Sperrgasse 8-10/III
A-1150 Wien
Internetseite: www.seniorenrat.at/de/aktuell

Schweiz

Pflege

Departement Gesundheit und Integration
Werkstrasse 18
CH-3084 Wabern
Telefon: +41/(0)58 400 45 75
Telefax: +41/(0)58 00 45 60
Internetseite: www.pflege-entlastung.ch

Caritas Schweiz
Adligenswilerstrasse 15
Postfach
CH-6002 Luzern
Telefon: +41/(0)41 419 22 22
E-Mail: info@caritas.ch
Internetseite: www.caritas.ch

Psychotherapie

Föderation Schweizer Psychologinnen und Psychologen (FSP)
Choisystrasse 11
CH-3008 Bern
Telefon: +41/(0)31 388 88 00
E-Mail: fsp@fsp.psychologie.ch
Internetseite: www.psychologie.ch

Quellenverzeichnis

1. Montaigne, M. de (2007): Von der Kunst, das Leben zu lieben. München: DTV
2. Ernst, P. (2016): »Gestorben wird immer – bloß wie? Die Darstellung von Tätern und Opfern im Tatort.« In: Brettel, H., Rau, M., Rienhoff, J.: Strafrecht in Film und Fernsehen. Wiesbaden: Springer Fachmedien
3. Franz, M. (2004): Tabuthema Trauerarbeit: Erzieherinnen begleiten Kinder bei Abschied, Verlust und Tod. München: Don Bosco Medien
4. Schulz, R. (2016): »Ganz am Ende.« *Süddeutsche Zeitung Magazin*, 17.6.2016. Verfügbar unter: http://www.sueddeutsche.de/gesundheit/wie-sterben-ablaeuft-ganz-am-ende-1.3032650?reduced=true
5. Gawande, A. (2015): Sterblich sein. Frankfurt: S. Fischer Verlag
6. Bertelsmann-Stiftung (2015): Faktencheck Palliativversorgung. Verfügbar unter: https://www.bertelsmann-stiftung.de/de/publikationen/publikation/did/faktencheck-palliativversorgung-modul-1/
7. Walter, T. (1991): »Modern death: taboo or not taboo?« *Sociology*, 25, S. 293–310
8. Bengtson, V.L. (1990): »Families and aging: Diversity and heterogeneity.« In: Bistock, R.H., George, L.K. (Eds.): Handbook of aging and the social sciences. San Diego: Academic Press, S. 263–287
9. Robert-Bosch-Stiftung: Gesundheitsberichterstattung kompakt 2015: Deutschlands größter Pflegedienst. Verfügbar unter: http://www.rki.de/DE/Content/Gesundheitsmonitoring/Gesundheitsberichterstattung/GBEDownloadsK/2015_3_pflegende_angehoerige.html
10. Scheidungsquote in Deutschland von 1960 bis 2015. Statista. Verfügbar unter: https://de.statista.com/
11. Lauterbach, W. (1995): »Die gemeinsame Lebenszeit von Familiengenerationen.« *Zeitschrift für Soziologie*, 24, S. 22–41
12. Luy, M. (2017): Lebenserwartung in Deutschland. Verfügbar unter: www.lebenserwartung.info
13. Erikson, E.H. (1959, dt. Übersetzung 1973): Identität und Lebenszyklus. Frankfurt a.M.: Suhrkamp Verlag, S. 55–123
14. Neuere Befunde der Weisheitsforschung weisen allerdings darauf hin,

dass nur eine kleine Untergruppe Älterer diesen Zustand erreichen - siehe Kapitel 6.
15. Erikson, E. H., Erikson, J. M. (1998): The Life Cycle Completed (extended version). New York: WW Norton & Company
16. Laslett, P. (1989): A fresh map of life: The emergence of the third age. London: Weidenfeld and Nicolson
17. Höpflinger, F. (1999): Generationenfrage - Konzepte, theoretische Ansätze und Beobachtungen zu Generationenbeziehungen in späteren Lebensphasen. Lausanne: Réalités Sociales. Verfügbar unter: http://www.hoepflinger.com/fhtop/fhgenerat1.html
18. Bouisson, J., Swendsen, J. (2003): »Routinization and emotional well-being: An experience sampling investigation in an elderly French sample.« *Journals of Gerontology Series B-Psychological Sciences and Social Sciences*, 58, S. 280-282
19. Häggblom-Kronlöf, G., Hultberg, J., Eriksson, B. G., Sonn, U. (2007): »Experiences of daily occupations at 99 years of age.« *Scandinavian Journal of Occupational Therapy*, 14, S. 192-200
20. Todes, D. P. (2014): Ivan Pavlov: A Russian Life in Science. Oxford: Oxford University Press
21. Mazur, J. E. (2006): Lernen und Verhalten (6. Aufl.). Hallbergmoos: Pearson Verlag
22. Mentzos, S. (2015): Lehrbuch der Psychodynamik: Die Funktion der Dysfunktionalität psychischer Störungen, 7. Auflage. Göttingen: Vandenhoeck & Ruprecht
23. Morgenstern, C. (1965, 11. Auflage 2011): Die unmögliche Tatsache. In: Gesammelte Werke in einem Band. München: Piper, S. 262 f
24. Schacter, D. L. (2002): The Seven Sins of Memory: How the Mind Forgets and Remembers. Willmington: Mariner Books
25. Kahneman, D. (2012): Schnelles Denken, langsames Denken. München: Siedler Verlag
26. Lehr, U., Thomae, H. (1972): Psychologie des Alterns. Heidelberg: Quelle & Meyer
27. Pohl, R. (2007): Das autobiographische Gedächtnis: Die Psychologie unserer Lebensgeschichte. Stuttgart: W. Kohlhammer Verlag
28. Kahneman, D., Fredrickson, B. L., Schreiber, C. A., Redelmeier, D. A. (1993): »When more pain is preferred to less: Adding a better end.« *Psychological Science*, 4(6), S. 401-405
29. Carstensen, L. L., Fung, H. H., Charles, S. T. (2003): »Socioemotional

Selectivity Theory and the Regulation of Emotion in the Second Half of Life.« *Motivation and Emotion*, 27, S. 103-123

30. Lindenberger, U., Smith, J., Mayer, K. U., Baltes, P. B. (Hrsg.): Die Berliner Altersstudie (2010), 3. Auflage. Berlin: Akademie Verlag
31. Statistisches-Bundesamt. Verfügbar unter: https://www.destatis.de/DE/ZahlenFakten/GesellschaftStaat/Gesundheit/Todesursachen/Todesursachen.html
32. Smith, R. (2015): »The death debate.« Verfügbar unter: http://blogs.bmj.com/bmj/2015/01/05/death-a-response-from-richard-smith/
33. Deutsche-Herzstiftung (2016): Deutscher Herzbericht. Verfügbar unter https://www.herzstiftung.de/herzbericht
34. Deutsche Schlaganfallhilfe (2016): Verfügbar unter: www.schlaganfallhilfe.de
35. Mohnan, K. M., Wolfe, C. D., Rudd, A. G., Heuschmann, P. U., Kolominsky-Rabas, P. U., Grieve, A. P. (2011): »Risk and cumulative risk of stroke recurrence: a systematic review and meta-analysis.« *Stroke*, 42, S. 1489-1494
36. Zentrum für Krebsregisterdaten im Robert-Koch-Institut. Verfügbar unter: http://www.krebsdaten.de/Krebs/DE/Content/ZfKD/zfkd_node.html
37. Wahrscheinlichkeit der Entwicklung von Krebs nach Geschlecht und Alter in den USA im Zeitraum 2010 bis 2012. Verfügbar unter: https://de.statista.com/statistik/daten/studie/159030/umfrage/usa-wahrscheinlichkeit-der-entwicklung-von-boesartigem-krebs/
38. O'Farrell, A., Mackenzie, J., Collins, B. (2013): »Clearing the Air: A Review of Our Current Understanding of ›Chemo Fog‹.« *Current Oncology Reports*, 15, S. 260-269
    Sowie: Amidi, A., Christensen, S., Mehlsen, M., Jensen, A. B., Pedersen, A. D., Zachariae, R. (2015): »Long-term subjective cognitive functioning following adjuvant systemic treatment: 7-9 years follow-up of a nationwide cohort of women treated for primary breast cancer.« *British Journal of Cancer*, 113, S. 794-801
39. Langa, K. M., Larson, E. B., Crimmins, E. M., Faul, J. D., Levine, D. A., Kabeto, M. U., Weir, D. R. (2017): »A Comparison of the Prevalence of Dementia in the United States in 2000 and 2012.« *JAMA Internal Medicine*, 177(1), S. 51-58
40. Kitwood, T. (2008): Demenz. Der person-zentrierte Ansatz im Umgang mit verwirrten Menschen. Bern: Huber Verlag

41. Mayer, K.U., Baltes, P.B. (Hrsg.): Die Berliner Altersstudie (1996). Berlin: Akademie Verlag
42. Klimek, L., Moll, B., Kobal, G. (2000): »Riech- und Schmeckvermögen im Alter.« *Deutsches Ärzteblatt - Ärztliche Mitteilungen*, Ausgabe A, 97, S. 911-919
43. Smoliner, C.A., Fischedick, A., Sieber, C.C., Wirth, R. (2013): »Olfactory function and malnutrition in geriatric patients.« *J Gerontol A Biological Sciences and Social Sciences,* 68, S. 1582-1588
44. Bartoshuk, L., Duffy, V. (2011): »Taste and Smell.« *Comprehensive Physiology*, S. 363-375
45. Lenz, M., Tegenthoff, M., Kohlhaas, K., Stude, P., Höffken, O., Tossi, M.A.G., Dinse, H.R. (2012): »Increased excitability of somatosensory cortex in aged humans is associated with impaired tactile acuity.« *Journal of Neuroscience,* 32(5), S. 1811-1816
46. Freyer, F., Reinacher, M., Nolte, G., Dinse, H.R., Ritter, P. (2012): »Repetitive tactile stimulation changes resting-state functional connectivity - implications for treatment of sensorimotor decline.« *Frontiers in human neuroscience,* 6, S. 144
47. Fuchs, J., Rabenberg, M., Scheidt-Nave, C. (2013): »Prävalenz ausgewählter muskuloskelettaler Erkrankungen. Ergebnisse der Studie zur Gesundheit Erwachsener in Deutschland (DEGS1).« *Bundesgesundheitsblatt,* 56, S. 678-686
48. Bundesgesundheitssurvey - Gesundheitsberichterstattung des Bundes. Verfügbar unter: http://www.gbe-bund.de/gbe10/pkg_isgbe5.prc_isgbe?p_uid=gast&p_aid=0&p_sprache=D
49. Andreas, S., Schulz, H., Volkert, J., Dehoust, M., Sehner, S. et al. (2017): »Prevalence of mental disorders in elderly people: the European MentDis_ICF65+ study.« *British Journal of Psychiatry*, 210, S. 125-131
50. Shih, R.A., Belmonte, P.L., & Zandi, P.P. (2004). A review of the evidence from family, twin and adoption studies for a genetic contribution to adult psychiatric disorders. *International Review of Psychiatry, 16,* S. 260-283.
51. World Health Organization (1980): International classification of impairments, disabilities, and handicaps: a manual of classification relating to the consequences of disease; publ. for trial purposes in accordance with resolution WHA29.35 for the Twenty-ninth World Health Assembly, May 1976
52. Bouisson, J., Swendsen, J. (2003): »Routinization and emotional wellbeing: An experience sampling investigation in an elderly French sam-

ple.« *Journals of Gerontology Series B-Psychological Sciences and Social Sciences*, 58, S. 280-282
53. Hayes, S. C., Wilson, K. G., Strosahl, K. D. (2014): Akzeptanz- und Commitment-Therapie: Achtsamkeitsbasierte Veränderungen in Theorie und Praxis. Paderborn: Junfermann Verlag
54. Hattie, J., Timperley, H. (2016): »The Power of Feedback.« *Review of Educational Research*, 77, S. 81-112
55. Aron-Weidlich, M. (2012): Essenz der Führung: Wie Sie sich selbst und Ihre Mitarbeiter nachhaltig motivieren, steuern und führen. Berlin: Springer Verlag
56. Schütt, S. (2015): Demografie-Management in der Praxis. Mit der Psychologie des Alterns wettbewerbsfähig bleiben. Berlin: Springer Verlag
57. Baltes, P. B., Baltes, M. M., Baltes, P., Baltes, M. (1990): »Psychological perspectives on successful aging: The model of selective optimization with compensation.« *Successful aging: Perspectives from the behavioral sciences*, 1(1), S. 1-34
58. Frisell, T., Lichtenstein, P., Långström, N. (2011): »Violent crime runs in families: a total population study of 12.5 million individuals.« *Psychological Medicine*, 41, S. 97-105
59. Langmaack, B. (2011): Einführung in die Themenzentrierte Interaktion (TZI), 5. Auflage. Weinheim: Beltz Verlag
60. Bowlby, J. (2006): Bindung und Verlust. Mutterliebe und kindliche Entwicklung. München, Basel: Ernst Reinhardt Verlag
61. Harlow, H. F., Harlow, M. (1966): »Learning to love.« *American Scientist*, 54, S. 244-272
62. Ainsworth, M. D. S., Blehar, M. C., Waters, E., Wall, S. N. (2015): Patterns of attachment: A psychological study of the strange situation (Psychology Press Classic Editions). London: Routledge
63. MacDonald, K., MacDonald, T. M. (2010): »The Peptide That Binds: A Systematic Review of Oxytocin and its Prosocial Effects in Humans«. *Harvard Reviews of Psychiatry*, 18, S. 1-21
64. Kroker, M. (2015): »User nutzen Social Media fast 1,8 Stunden am Tag – 30 Prozent der gesamten Internet-Zeit.« Verfügbar unter: http://blog.wiwo.de/look-at-it/2015/10/20/user-nutzen-social-media-fast-18-stunden-am-tag-30-prozent-der-gesamten-internet-zeit/
65. Remmers, K. (2013): »Wie Ärzte ihre Patienten gefährden.« Verfügbar unter: http://www.rp-online.de/leben/gesundheit/medizin/wie-aerzte-ihre-patienten-gefaehrden-aid-1.3827783

66. Novaes, P.H., da Cruz, D.T., Lucchetti, A.L., Leite, I.C.G, Lucchetti, G. (2017): »The iatrogenic triad: polypharmacy, drug-drug interactions, and potentially inappropriate medications in older adults.« *International Journal of Clinical Pharmacy*, doi: 10.1007/s11096-017-0470-2
67. Pirmohamed, M., James, S., Meakin, S., Green, C., Scott, A.K., Walley, T.J. et al. (2004): »Adverse drug reactions as cause of admission to hospital: prospective analysis of 18820 patients.« *BMJ* 2004, 329, S.15-19
68. Kattenstroth, J.C., Kalisch, T., Holt, S., Tegenthoff, M., Dinse, H.R. (2013): »Six months of dance intervention enhances postural, sensorimotor, and cognitive performance in elderly without affecting cardiorespiratory functions.« *Frontiers in Aging Neuroscience*, 5, S.5
69. Fratiglioni, L., Wang, H.X., Ericsson, K., Maytan, M., Winblad, B. (2000): »Influence of social network on occurrence of dementia: a community-based longitudinal study.« *Lancet*, 355, S.1315-19
70. Informationen zu Scheidungsraten und Kinderzahl verfügbar unter: https://de.statista.com/statistik/daten/studie/485348/umfrage/ehescheidungen-mit-und-ohne-minderjaehrige-kinder-in-deutschland/
71. Bushman, B.J., Baumeister, R.F., Phillips, C.M.: »Do people aggress to improve their mood? Catharsis beliefs, affect regulation opportunity, and aggressive responding.« *Journal of Personality and Social Psychology*, 81 (2001), S.17-32
72. Hautzinger, M. (2011): Kognitive Verhaltenstherapie. Weinheim: Beltz Verlag
73. Staudinger, U.M., Glück, J. (2011): Psychological Wisdom Research: Commonalities and Differences in a Growing Field. *Annual Review of Psychology*, 62, S.215-241
74. Interview mit Ursula Staudinger in der *Berliner Morgenpost* (2011). Verfügbar unter: https://www.morgenpost.de/web-wissen/article104856149/Die-grosse-Legende-von-der-Weisheit-des-Alters.html?service=amp
75. Feil, N., de Klerk-Rubin, V. (2000): Validation in Anwendung und Beispielen. Der Umgang mit verwirrten alten Menschen. München: Reinhardts Gerontologische Reihe
76. Teismann, T., Dorrmann, W. (2015): Suizidgefahr? Ein Ratgeber für Betroffene und Angehörige. Göttingen: Hogrefe Verlag
77. Bundesanzeiger-Verlag. Vorsorgevollmacht und Betreuungsverfügung. Verfügbar unter: https://www.bundesanzeiger-verlag.de/betreuung/vorsorgevollmacht/formulare-und-muster.html